经济法重述

JINGJI FA CHONGSHU

程信和 ◎ 著

·广州·

版权所有　翻印必究

图书在版编目（CIP）数据

经济法重述 / 程信和著. —广州：中山大学出版社，2022.8
ISBN 978-7-306-07568-0

Ⅰ. ①经… Ⅱ. ①程… Ⅲ. ①经济法—中国 Ⅳ. ① D922.29

中国版本图书馆 CIP 数据核字（2022）第 108018 号

出 版 人：王天琪
策划编辑：嵇春霞
责任编辑：罗雪梅
封面设计：曾　斌
责任校对：邱紫妍
责任技编：靳晓虹
出版发行：中山大学出版社
电　　话：编辑部　020-84110283，84111996，84111997，84113349
　　　　　发行部　020-84111998，84111981，84111160
地　　址：广州市新港西路 135 号
邮　　编：510275　　　传　　真：020-84036565
网　　址：http://www.zsup.com.cn　　E-mail：zdcbs@mail.sysu.edu.cn
印　刷　者：佛山市浩文彩色印刷有限公司
规　　格：787mm×1092mm　1/16　14.5 印张　200 千字
版次印次：2022 年 8 月第 1 版　2022 年 8 月第 1 次印刷
定　　价：62.00 元

如发现本书因印装质量影响阅读，请与出版社发行部联系调换

内容简介

《经济法重述》是作者对自己从事经济法教育事业40年间（1981—2021）的所思、所说、所写、所做的一个专业梳理。由一个"纲"（国民经济发展法）、四个"目"、十个"基本论点"组成。名曰"重述"，意在"整合"，并非"重构"。

本书不是"经济法讲义"或"经济法论著"，只不过是作者回眸40年来探索经济法跟跟跄跄所走过的路，力求"论从史出，史论映照"。

就史而言，仅以个人经历和感知为主，而对经济法学的整体演进则难免挂一漏万。

就论而言，其逻辑进路是从剖析经济法的本形定位，到视域延伸、集成迸发，最后抽象为理论升华。

中国经济法可定位于"国民经济发展法"，其最高表现形式应是《中华人民共和国经济法典》，它不仅要为推进中国的现代化提供经济发展宪章，而且可为构建人类命运共同体提供经济治理范本。因此，我们必须努力建设"世界上最好的经济法制度"。

迈向中华民族伟大复兴之路，相信经济法能够成为中外法制史上的灿烂篇章。建设经济法学任重而道远。

题 记

以中国式现代化推进中华民族伟大复兴。
——《中共中央关于党的百年奋斗重大成就和历史经验的决议》
（2021年11月11日）

讨论问题，反映实际。
——导师芮沐教授寄语（2003年）

总的感觉，归纳得很不错。不仅兼收，而且升华。
——前辈李昌麒教授寄言（2021年7月）

论从史出，史论映照。
大道万千，大道从简，大道不孤，大道无垠。
——作者自题（2021年8月）

当代经济法研究十得书

（2021年秋）

实体论

1. 探索以"1+4"范式（宪法，民法、经济法、社会法、行政法）直观勾画市场经济法治化路径。

2. 提出经济法是"国民经济发展法"，是中国特色社会主义法律体系中独立的、基本的、重要的法律部门。经济法精神可概括为：发展、公平、安全三位一体，以发展为核心。

3. 揭示微观意义上的企业法，不愧为"小经济法"。

4. 透析宏观意义上的国家经济发展权，应举为"当代经济法旗帜"。

扩展论

5. 提出"经济硬法＋经济软法"，组成实践意义上的经济法。

6. 主张开辟比较经济法新境界：从推进中华民族伟大复兴的经济发展宪章到推动构建人类命运共同体的经济治理范本。

系统论

7. 主张设计融经济和法律于一体的经济法最高表现形式，将其屹立为《中华人民共和国经济法典》。它不仅要成为推进中华民族伟大复兴的经济发展宪章，而且可作为构建人类命运共同体的经济治理范本。

8. 主张建设以数字经济为依托，数字经济与实体经济相融合的经济法治系统工程，提高国民经济治理现代化水平。

学科论

9. 主张构建以经济法学研究经济法现象规律性的话语体系，形成新兴的、独立的、核心的法学学科。

10. 运用"从经济到法律，再从法律到经济"的研究思路。

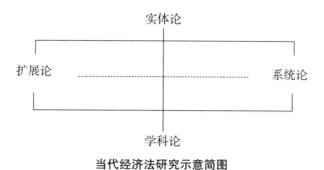

当代经济法研究示意简图

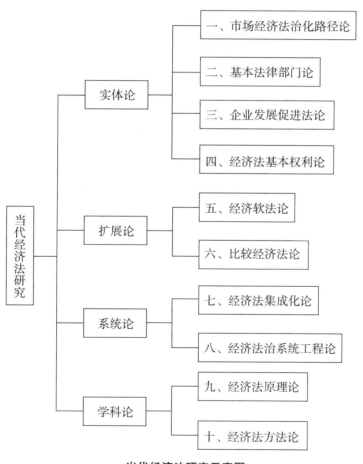

当代经济法研究示意图

前　言

我荣幸地见证了祖国改革开放的历史征程。

我得时地参与了新兴经济法（学）的建设。

一、像是天真，只是求真

世界上的一切，都因时间、地点和条件而转移。自1978年改革开放以来，中国大地发生了巨大的变化。"社会主义经济法"这一法域新鲜事物在中国应运而生。国运关系到人们的命运，而我与经济法的缘分，也正是从那个时候开启的。

那年秋天，一位刚刚30出头的瘦弱青年，恭立在一位慈祥的老人面前。老者笑问："所为何事？"青年羞答："晚来求学。"于是，青年赶上"中国经济法"首次开课。经济法是什么，它解决哪些社会问题？我们的经济法怎么建设，它运用何种方法来解决社会问题？犹如一张白纸，没有负担，要写最新最美的文字，要画最新最美的图案。那位青年就是我。"路漫漫其修远兮，吾将上下而求索。"

按照组织安排，1981年秋，我于研究生毕业后留在北京大学任教；1984年7月，转入中山大学。

时至2003年，中国经济法学的奠基人、年逾九旬的导师芮沐教授寄语学生：讨论问题，反映实际。"芮沐的实际"，是40年前我在北京大学学习、工作时得出的感受。

四十而解惑。一悟：中国将长期处于社会主义初级阶段，发展才是硬道理。二悟：事情往往出在冷门，但冷门也可变热门。经济法异军突起，博大精深管用。三悟：我们的一切奋斗都是为了实现中华民族伟大复兴。构建支撑国民经济运行、治理、发展的法律制度及其话语体系，夯实基础，体现价值，与伟大时代共进，为社会主义法治增辉，此即新兴的经济法学的使命，亦即执着的经济法学人的心声。

二、畏也高峰，登也高峰

"重述"的本义是再一次进行表述。《经济法重述》是我对自己从事经济法教育事业40年间（1981—2021）的所思、所说、所写、所做的一个专业梳理。由一个"纲"（国民经济发展法）、四个"目"、十个"基本论点"组成。每一个基本论点分别列出对应的主要论据：顶层设计；学理支撑；实践基础。名曰"重述"，意在"整合"，并非"重构"。

这份简单的梳理，表述了已退休多年的老朽对新兴经济法的学理感受和依依之情，既是学生向老师的学习汇报，也是学者与同仁的学术交流。

为什么说是"学生向老师的学习汇报"呢？1980年，芮先生指导我拟定的毕业（学位）论文原题为《论中国经济法》。芮先生嘱咐："我国新建经济法专业，许多基础理论问题和实际问题需要研究。你还要准备给学生开设'经济法总论'课（适用经济法专业）、'经济法概论'课（适用法律专业）。"但后来因我被安排参加国家计委组织的经济立法工作，芮老说："你先写计划立法论文吧，免得双重劳动，时间不够用。"就这样，《论中国经济法》就一直搁置了下来，我感到十分惭愧。

"道可道，非常道。名可名，非常名。"大凡接触过经济法的人，都会觉得它涉及的面太过宽泛，难以整体把握。因此，必须明确一个主题或中心思想。实践表明，经济法必须围绕国民经济运行来构建。

有同仁建议，不妨称之为"国民经济发展法论"。临事而惧，初草而成，是否有思想、有学术、有文化？自觉还很不成熟，只是呈献若干见解而已。

说实话，经济法学比较难弄，似乎高不可测，但也确有潜力。《经济法重述》并非"经济法讲义"或"经济法论著"，而只是借此回眸、复述自己40年来探索经济法跌跌跄跄所走过的路。或用焦点透视，或用散点透视，力求"论从史出，史论映照"，权当法域漫游，留点记忆罢了。但愿践行前辈寄言：不仅兼收，而且升华。

"兼收"与"升华"，并不局限于个人，而要扩展到经济法学共同体。经济法事业乃国家要务，经济法建设由大家来做，本人不过是团队中一个普通成员而已。然而，历史给我提供了承上启下的难得机会——与经济法学界数百位老、中、青同仁的专业交往，对此我深感三生有幸。

2021年11月11日通过的《中共中央关于党的百年奋斗重大成就和历史经验的决议》这一马克思主义纲领性文献，指导我们中华民族以不可阻挡的步伐迈向伟大复兴。经济法学要继承、弘扬党的百年奋斗的宝贵历史经验，在"中国式现代化"道路上交出"中国式经济法"的新答卷。

七绝·登黄山

（2008年7月，一丁[①]）

山阶坎坷上云台，
秀景奇观揽入怀。
千尺青松悬壁挺，
一轮红日海边来。

[①] 本书作者笔名。

目录

第一编 实体论：经济法的本形定位 /1

第一章 市场经济法治化路径论 /3

一、一个"时代性法治"命题的提出 /4

二、直接调整经济关系的"1+4"法治模式构想 /5

三、注意发挥经济刑法间接调整经济关系的作用 /11

第二章 基本法律部门论 /14

一、经济法词义 /15

二、中国经济法的产生和发展 /17

三、经济法的定位：国民经济发展法 /21

四、经济法的基本原则 /29

五、经济法的法律属性 /30

六、经济法的着力点：有效市场和有为政府更好结合 /31

　　　　七、经济法总格局：独立的、基本的、重要的法律
　　　　　　部门　/34
　　　　八、经济法分格局：部门经济法范例　/35
　　　　九、经济法的价值（功能）：加强经济法治建设，
　　　　　　发展法治经济　/37

　　第三章　企业发展促进法论　/45
　　　　一、企业的地位和活力　/46
　　　　二、企业发展促进法对经济法体系构成的影响　/47

　　第四章　经济法基本权利论　/51
　　　　一、经济发展权：经济法中的核心权利　/52
　　　　二、经济发展权、经济分配权、经济安全权三位
　　　　　　一体　/56

第二编　扩展论：经济法的视域延伸　/63

　　第五章　经济软法论　/65
　　　　一、经济领域以硬法为主，引入软法，组成实践
　　　　　　意义上的经济法　/66
　　　　二、经济软法的规范化安排　/69

　　第六章　比较经济法论　/71
　　　　一、经济法在世界范围内的出现　/72
　　　　二、比较经济法的含义　/73
　　　　三、开展中外经济法比较的意义　/74
　　　　四、经济法的延伸：从"一国经济法"到"世界
　　　　　　经济法"　/76

第三编　系统论：经济法的集成迸发　/ 85

第七章　经济法集成化论　/ 87

一、《经济法通则》：经济法集成化之过渡形式　/ 88

二、《经济法典》：经济法集成化之最高表现形式　/ 103

三、《经济法典》"一总五分"整体设计　/ 111

四、未来经济法结构：法典式组合与若干单行法的并存　/ 117

第八章　经济法治系统工程论　/ 121

一、现代经济治理新规制：数字经济的规范化　/ 122

二、经济法治系统工程的含义　/ 123

三、以信息库和智能库为依托　/ 124

四、经济法的制定　/ 125

五、经济法的实施　/ 126

第四编　学科论：经济法的理论升华　/ 129

第九章　经济法原理论　/ 131

一、经济法的理论基础：特有的范畴（概念）和原理　/ 132

二、经济法学已成为新兴的、独立的、核心的法学学科　/ 134

第十章　经济法方法论　/ 141

　　一、先从经济到法律，再从法律到经济　/ 142

　　二、整合性研究（跨学科研究）：专业特色，自然一体　/ 143

　　三、法学研究之花：怎样撰写法学学位论文　/ 145

后　语　/ 148

附录一　现行经济法律名称（清单）　/ 152

附录二　《中华人民共和国经济法典》（学者建议稿）编、章、节三级大纲设计　/ 158

附录三　南风吹梦　/ 171

附录四　友声相和　/ 175

第一编
实体论：经济法的本形定位

横看成岭侧成峰，远近高低各不同。

——〔宋〕苏轼

何为"实体"？实体，表示独立存在的事物的原生状况，或者本来面貌。此处的"实体论"，指经济法的本形定位，即经济法是怎样呈现于世的。

《老子》曰："道法自然。"运用实体论，旨在了解经济法的自然本色。这是经济法的内涵。人们将会看到，当代经济法正是国民经济运行的法治轨道。

第一章
市场经济法治化路径论

考察经济法，必须坚持中国道路，把它放在中国特色社会主义法治体系之中。

基本论点之一：

探索以"1+4"范式（宪法，民法、经济法、社会法、行政法）直观勾画市场经济法治化路径。

主要论据：

（1）顶层设计。

国家最高立法机关确认，到2010年已如期形成中国特色社会主义法律体系。

中央确定，把依法治国作为党领导人民治理国家的基本方式。

（2）学理支撑。

从法学角度考量，市场经济应当是法治经济。

多元化的经济关系，需要多元化的法律调整。若以是否规定行为主体的权利与义务为标准，又可分为直接调整与间接调整。

作为单一制结构的国家，其调整经济关系的各类法律，应构成一个有机整体。

（3）实践基础。

自1978年12月实行改革开放以来，国家制定的宪法和民法、经济法、社会法、行政法等一系列法律,已涉及经济领域各个方面的事务。国民经济生活逐步纳入法治轨道运行。比如税收趋于法定,又如竞争更讲规范。

一、一个"时代性法治"命题的提出

1. 市场经济时代背景

市场经济是商品经济发展的高级阶段。现在世界上绝大多数国家都实行市场经济。中国经过改革开放,于1992年正式确立建立社会主义市场经济体制。

经济学认为,市场经济是指由市场配置资源的经济,但国家之手仍要有所作为。

从法学角度来看,各种社会类型的市场经济都应当是法治经济,即要按法律规则运行、治理。企业依法经营,公平竞争;政府依法管理,适度调控。但法律不是万能的,还要有信用,企业、政府都要诚信、守法。

法制史显示,调整商品经济关系的法律形态,最初是民法,后来才延伸、发展到经济法。正如中、日两国学者合编的《中日经济法律辞典》中指出的,"由国家有意识地来调节市场秩序",这一论断揭示了世界各国经济法的规律、共性。[①]

2. 面对现实需求的经济立法的回应方式

经济是社会的客观现象,而立法则是人们的主观行为。虽然法是对现实生活的照应,但立法形式可以多样化,不完全像照镜子那样"一对一"地反映出来。

鉴于某项社会关系的单向专业性,可由一种法律调整一种社会关系,比如会计法调整会计关系。

---

① 《中日经济法律辞典》,中国展望出版社1987年版,第365页。

鉴于相关社会关系之间的内在联系性，可由一种法律调整多种社会关系，比如由民法调整平等主体之间的人身关系、财产关系。

鉴于现实经济关系的复杂多样性，可由几种法律调整同一类社会关系，比如由宪法和民法、经济法、社会法、行政法共同调整社会主义市场经济中的社会关系。

掌握立法活动的这一规律，有助于从矛盾的焦点上予以突破，准确、完整回应各种社会关切。

3. 市场经济法治化的路径依赖

经济立法为经济活动提供法律的规范、指引、促进和保障。

人民对美好生活的向往，经济发展不平衡、不充分的现状，经济领域存在的各种风险，以及国内、涉外经济的关联，要求建立法治权威，统一、全面调整国民经济关系，协调、平衡各种主体的经济利益。

中国社会主义经济建设的成功经验表明，"社会主义市场经济本质上是法治经济，……必须坚持法治思维、增强法治观念，依法调控和治理经济"[①]。

现代化国家必然是法治国家，现代化经济必然是法治经济。如何坚持问题导向和目标导向的统一，把握市场经济法治化的路径，一个"时代性法治命题"就是这样提出来的。

纵观中外实践，对市场经济法治化的路径依赖，可以概括为"1＋4"模式。

二、直接调整经济关系的"1＋4"法治模式构想

1. "1＋4"模式举要

实践引起研究，讲习逼着发挥。2016年12月7日，我在中山大学法

---

① 习近平：《提高党领导经济工作法治化水平》（2014年12月9日），见习近平《论坚持全面依法治国》，中央文献出版社2020年版，第129页。

学院给研究生做课程讲座，题为"市场经济法治化之路——关于'在宪法统率之下，民法、经济法、社会法、行政法协调发展、综合治理'的思索"，曾东红教授主持并与谈。他说，很新鲜，有深意。

在此前后，针对《市场经济法治化之路（提纲）》，我发出征求意见，得到李昌麒、徐孟洲、杨松、孙颖、陈婉玲、叶姗、李长健、袁达松、薛克鹏、王先林、王妍、张永忠、陈红彦等诸多教授的赞同和鼓励。

其中，李长健教授说："听了程教授在我院（华中农业大学法学院）所做的关于'1＋4'法律模式的学术讲演，我觉得分析十分在理，很有现实意义，教师和学生反应热烈，互动踊跃。（2016年12月2日）"

我还专门请教过著名法学家李步云教授（中国社会科学院荣誉学部委员）。以下是听取李教授教导的记录。

> 我的努力是为圆华夏宪治梦。
>
> 在宪法之下，民法、经济法、社会法、行政法等，共同调整经济关系。其中，民法、经济法在调整经济关系中都属基本法，它们是平行的，要结合起来发挥作用。过去有一种观点，认为只有民法是市场经济基本法，而众多的经济法律只是它的具体表现，实践证明这种看法不对。西方有些国家虽然不称"经济法"，但这类法律都是存在的。搞市场经济，既要有民法，也要有经济法，私的、公的、横的、纵的，都很重要。"民""经"之间，平行、结合。（2016年12月3日，于广州）

2017年9月，中国法学会经济法学研究会学术年会（于武汉）召开期间，我应邀在武汉大学法学院做了"'1＋4'模式：市场经济法治化之路径"的学术讲座，会议由院长冯果教授主持。讲座的基本论点是以"1+4"模式（宪法，民法、经济法、社会法、行政法）直观勾画市场经济法治化路径。

法律上所谓"直接调整"，意味着直接规定市场主体的"权利和义务"（私法意义上的）、国家经济管理主体的"权力和责任"（公法意义上的），从而形成正常的、可预期的经济运行秩序。

市场经济法治化"1+4"模式是指：在宪法统率之下，以民法的大部分、经济法的全部、社会法的一部分、行政法的一部分，协同发力，共同调整国民经济活动中产生的社会关系（参见图1-1）。

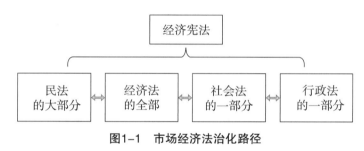

图1-1　市场经济法治化路径

必须把握三个要点：

一是"经济宪法"。宪法是国家的根本法，是治国理政的总章程。宪法中的经济法律规范，可称为"经济宪法"，它是所有经济立法的总依据。比如《中华人民共和国宪法》（以下简称《宪法》）规定："国家的根本任务是，沿着中国特色社会主义道路，集中力量进行社会主义现代化建设。""国家合理安排积累和消费，兼顾国家、集体和个人的利益，在发展生产的基础上，逐步改善人民的物质生活和文化生活。"这就为经济法提出了任务，展示了空间。

2018年4月4日，我在中共广东省委政法委举办的"宪法座谈会"上发言，认为与时俱进的宪法具有持久生命力，宪法引领新征程，要通过全面实施宪法来解决问题、推动发展；并且提出根据此次宪法修改的新精神，就经济法如何贯彻新发展理念、发展社会主义市场经济、推动构建人类命运共同体的意见和建议。

自由竞争在市场经济中理应处于基础地位。但那种认为"反垄断法即是经济宪法"的观点，从西方传到东方，似乎成立，实则不然。徐孟洲教授2016年11月20日与我交流时亦说，不应当把反垄断法称作经济宪法。并且，我们认为，经济法不能只讲竞争，还要讲合作，包括涉外领域的合作。例如国务院新闻办公室2021年1月发布白皮书《新时代的中国国际发展合作》。

二是"两基"。民法作为基础法，经济法作为基本法，简称"两基"，比翼齐飞。

民法提供法人制度、所有权制度、合同制度等，成为市场经济的"基础法"。但由于私法范畴的局限，它不可能提供国民经济运行的全套规则。

经济法恰恰是承接民法的基础性规范，而又从突破其个体本位局限的地方加以推进，解决国民经济运行中的整体问题——市场运行与宏观经济治理的关系、增长与分配的关系、发展与安全的关系，因而成为市场经济的"基本法"。如果认为经济法在发展市场经济中只起"补充"作用，实属误解，或者说对经济法的了解还不够。须知，经济法从社会整体利益出发，考虑如何解决国民经济运行中不断出现的一系列非均衡问题，这是它的基本特点和突出优势。它甚至可以自信地说：时也，运也，吾所能也。

"民""经"同源，"民""经"合力，"基础"为起点，"基本"为动力，不可对立，不能分裂。

法学界曾有"北张南潘"之誉。"北"指张友渔，"南"指潘念之。20世纪80年代初，在编纂《中国大百科全书》（第一版）时，法学泰斗张友渔先生极力主张，将"经济法"列为专门内容。

王家福、佟柔、江平、谢怀栻、魏振瀛、王保树等著名法学家，他们既是民法（民商法）大师、权威，而且又都积极支持经济法（学）发展。

作为法学教师，在讲授民法课、经济法课时，我也是这样实践的（多年来给法律系本科生讲授"合同法"课程，均使用自编讲义），觉得甚有补益。

三是"两柱"。经济法与社会法、经济法与行政法存在必然的交织和必需的区分，于交织处立支柱。

其中，经济法与社会法交叉的部分，比如劳动就业、收入分配，成为市场经济法治化的一个重要支柱。2002年10月，我参加在法国举办的一次以"中国法制改革与法律渊源"为主题的国际法律学术研讨会，即提交了《中国法律部门的划分——兼论经济法、社会法的定位》的论文。在分析这两个新兴法律部门的基础上，我主张中国建立"1＋6"法律体系。"1"指宪法；"6"指民法、行政法、刑法、经济法、社会法、诉讼仲裁法。巴黎第二大学的François Terre教授认为这一建议"更接近大陆法的法律体系"，并称赞这一理论"是一个雄心勃勃的计划"（见法国Littc出版社以英、法文两种文字出版的《中国法律的渊源及其改革》一书，2004年）。

2018年3月24日，我在华南理工大学"法治经济与法治社会研究中心"成立大会（本人被聘为该中心名誉主任兼学术委员会主任）上发言，认为"法治经济"对应经济建设而言，"法治社会"对应社会建设而言，两者各有侧重，相辅相成；主张新时代法治经济与法治社会一体化建设，处理好政府、市场、社会三者关系，使经济法成为国民经济发展法、分配法和安全法，社会法成为社会和谐法。

经济法与行政法交叉的部分，比如政府经济管理职能、经济安全保障举措，成为市场经济法治化的另一个重要支柱。中山大学最初设立的经济法博士点培养方向，即是"经济法与政府经济管理"。国务院学位委员会政治学学科组（中国人民大学许征帆教授为组长）《关于经济法与政府经济管理研究方向的意见》（1998年9月28日）认为"程信和教授对经济法与行政管理的关系的研究具有特色和优势"，赞成把经济法学作为行政（公共）管理博士点的一个方向。我在学习、研究公共管理和指导、培养"经济法与政府经济管理"方向博士生的过程中，得到了公共管理学泰斗夏书章教授和王乐夫教授、陈瑞莲教授等同仁的帮助，弥补了知识的不足，扩大了专业范围。

英国学者施米托夫说得颇有道理："经济法应位于商法与行政法之间，它与商法分享对经济事务的调整，与行政法分担政府管理的职能。"[①]社会是多元化的，不必将任何法律看得都像楚河汉界那样非此即彼。

2. 在宪法统率之下，实行民、经、社、行"四法"的有机结合

必须注意两点逻辑：

一是制度上衔接。

比如现代企业治理、经营者竞争、消费者权益保护，民法、经济法、社会法在此即发生部分汇合。若老是争论消费者权益保护属于民法、经济法还是社会法，没有实际意义。

二是功能上互补。

比如对财产权的保护、对创新的鼓励、对损害的救济，民、经、社、行"四法"各显其能，又相互配合。若老是纠缠惩罚性赔偿属于民法、经济法还是行政法，没有实际意义。

自1979年开始，中国法学界掀起了经济法与民法、行政法等相关法之间关系的讨论乃至激辩。我感到，要解放思想，要遵循法的发展规律，不应陷入"门户之见"，不应固守"非此即彼"。王全兴教授说："经济法和民商法、行政法、社会法（简称'四法'）是规范市场经济的主要法律部门，实现'四法'的协调应当是构建市场经济法律体系的核心问题。"[②]是的，完善以宪法为核心的中国特色社会主义法律体系，使"四法"各有分工、制度协调、同向发力，市场经济

---

① ［英］施米托夫：《英国经济法的概念》（1966年），见施米托夫《国际贸易法文选》，中国大百科全书出版社1993年版，第32页。

② 王全兴：《经济法基础理论专题研究》，中国检察出版社2002年版，第107页。

法治化模式才能获得预期的效果。

三、注意发挥经济刑法间接调整经济关系的作用

法律上所谓"间接调整",意味着并非直接指引主体的行为规则,而是通过打击经济犯罪,从而维护正常的经济秩序,保证社会主义建设事业的顺利进行。这就是刑法的重要任务。

对新兴经济法的定位,要立足国家法律体系全局。自1992年起,我多次著文指出,从中国社会主义的实际出发,在宪法这一根本大法之下,主要有六大法律门类:行政法、刑法、民法、经济法、社会法和诉讼仲裁法。要从"1+6"法律体系来把握经济法,而不要把它看作一个孤立的法律、法规群。

按照法律体系的分工,民、经、社、行"四法"都没有具体规定刑罚问题,惩罚经济犯罪由刑法统一规定。"经济刑法",有人认为属于经济法与刑法的交织。如《中华人民共和国刑法》有一章专门规定"破坏社会主义市场经济秩序罪"。在对经济犯罪的处罚中,常使用罚金这种附加刑,而且还适用于法人经济犯罪。中国仍保留死刑,但慎用死刑。

必须严格划分经济纠纷、经济违法与经济犯罪的界限,注意发挥经济刑法间接调整经济关系的作用,保护市场主体、保护企业家、保护社会生产力。

附带说明,由于刑法只是间接调整经济关系,因而市场经济法治化的法律模式不必表述为"1+5"。

总之,我们要切实践行党关于新时代加强法治建设的理论和部署,"运用法治思维和法治方式深化改革、推动发展、化解矛盾、维护稳定、应对风险"[①]。

---

① 习近平:《以科学理论指导全面依法治国各项工作》(2020年11月16日),见习近平《论坚持全面依法治国》,中央文献出版社2020年版,第6页。

相关著述

1. 程信和：《在新的历史条件下坚持和发展马克思主义中国化》，载《亚太经济时报》2016年3月10日A08版。

2. 程信和：《社会主义市场经济呼唤"经济法通则"——深入领会习近平同志关于经济法治的原创性论述》，见程信和《经济法通则立法专论》，濠江法律学社2019年版。

3. 程信和：《宪法光芒照耀经济法的前程》，载《经济法制论坛》2004年第5期。

4. 程信和：《市场经济的四大法律支柱》，载香港《经济导报》1994年第49期。

5. 程信和：《构建社会主义市场经济规范体系的若干思考》，见冷罗生、袁达松主编《京师经济法与环境资源法论丛》，北京师范大学出版社2012年版。

6. 徐名准、程信和：《加强民法调整，发展商品经济》，载《学术研究》1987年第3期。

7. 程信和、蔡冰菲：《所有权保留中的权利冲突及其平衡》，载《华南农业大学学报》（社会科学版）2002年第2期。

8. 程信和：《论经济合同立法的新发展》，载《中国法学》1988年第2期。

9. 程信和：《物权与债权》，载香港《经济导报》1995年第46期。

10. 程信和：《抵押权与质权之辨析》，载香港《中国法制》2001年第3期。

11. 程信和：《中国法律部门的划分——兼论经济法、社会法的定位》，见程信和、周林彬、慕亚平主编《当代经济法研究》，人民法院出版社2003年版。

12. 程信和：《关于社会法问题——兼论开展人口法研

究》，载《南方人口》1996年第3期。

13. 程信和：《社会法初探》，见江平主编《比较法在中国》，法律出版社2004年版。

14. 程信和、李挚萍：《可持续发展——经济法的理论更新和制度创新》，载《学术研究》2001年第2期。

15. 程信和、陈惠珍：《论碳交易配额分配法律制度的两大维度》，载《华南师范大学学报》（社会科学版）2014年第2期。

16. 程信和、董晓佳：《网络餐饮平台法律监管的困境及其治理》，载《华南师范大学学报》（社会科学版）2017年第3期。

17. 程信和：《中国经济法的发展——第十届全国经济法理论研讨会总结发言》（2002年10月），见程信和、周林彬、慕亚平主编《当代经济法研究》，人民法院出版社2003年版。

18. 程信和：《再论中国经济法的发展——在首届青年经济法博士论坛闭幕式上的总结发言》（2004年5月），载《政法学刊》2004年第4期。

19. 杨紫烜、程信和主编：《中国大百科全书》（第二版）"经济法"学科部分，中国大百科全书出版社2008年版。

20. 中国法学会经济法学研究会组织，程信和、王全兴主编：《海阔天高——中国经济法（学）的过去、现在和未来》，上海财经大学出版社2008年、2009年版。

第二章
基本法律部门论

考察经济法，必须坚持理论创新，把它归作一个法律部门定位。

基本论点之二：

提出经济法是"国民经济发展法"，是中国特色社会主义法律体系中独立的、基本的、重要的法律部门。经济法精神可概括为：发展、公平、安全三位一体，以发展为核心。

主要论据：

（1）顶层设计。

在1979年6月召开的第五届全国人民代表大会第二次会议上，官方文件首次使用"经济法"术语，并将它与民法、行政法、刑法并列而提。

国家最高立法机关确认，在中国特色社会主义法律体系中，经济法成为组成部门之一。

进入新时代，全面深化改革的总目标是完善和发展中国特色社会主义制度，推进国家治理体系和治理能力现代化；经济体制改革是全面深化改革的重点，核心问题是处理好政府和市场的关系，使市场在资源配置中起决定性作用，更好地发挥政府作用。由此，也就确立了中国经济法的基本格局——推动有效市场和有为政府更好地结合。

(2) 学理支撑。

根据唯物史观，在社会主义社会中，基本矛盾仍然发生于生产力和生产关系之间、经济基础和上层建筑之间。

调整新型的经济关系，产生新兴的法律形态。

作为上层建筑之一的经济法，应服务于国民经济高质量发展。

(3) 实践基础。

中国已积累近百部单行经济法律、数百部单行经济法规和上千条政府经济规章，范围广泛，类型多样，阵势浩大，对国民经济生活产生了重大的、积极的影响。经济法对推动国民经济高质量发展、促进公平分配、保障经济安全的贡献率日渐提高。"发展、公平、安全"，已成为新时代经济法的"吉祥三宝"。

一、经济法词义

1. 法律形态上的经济法

经济法，一般泛指经济领域的相关法律。但泛称并不准确，还须特定化，即建立起经济法内涵、外延的确定性。这里，要抓住从"国民经济管理"到"国民经济发展"这一转变。

管理，指负责某项或者某些工作，使之能够顺利进行，其具体方式包括规划（策划）、组织、指挥、协调、检查等。例如，若干官方机构称为"××管理委员会""××监督管理委员""××管理局""××监督管理局"之类。"政府管理国民经济"的概念亦由此形成。与民法相比，经济法突出之处在于它的管理性。

但"管理"这一概念也在不断地演变。

先是由传统行政管理走向公共管理。什么是公共管理？即，以政府为主角的行使公共管理权力的机构，基于增进、分配和维护社会公共利益的需要，对有关公共事务实施管理、提供服务，而这些管理、服务必须纳入法治轨道，有序进行。最大的公共事务，首推国民经济发展。

再是由公共管理走向现代治理。中国于2013年提出"全面深化改革"，把总目标定在完善和发展中国特色社会主义制度上，推进国家治理体系和治理能力现代化。国家治理的中心工作仍是国民经济治理。2015年中国研究制定"十三五"规划之时，提出"创新、协调、绿色、开放、共享"新发展理念。2020年中国研究制定"十四五"规划和2035年远景目标之时，提出"完善宏观经济治理"的要求。由此可知，治理要落实到发展上。而领略了"国民经济发展"，方能领悟到"国民经济发展法"。

2. 法学形态上的经济法

依法学分类，此即指经济法学科。它研究经济法现象发生、发展和发挥作用的规律性。

经济法学科中，最大的问题之一莫过于"经济法"的定义之争。无论哪个学科，定义的表述固然重要，但对其真实内涵的认知更为重要。我总觉得，不必纠缠于单纯的概念，而要着眼于解决实际问题，并在此过程中进行理论提炼。几十年来，经济体制改革的文件没有对"经济体制"（包括具体的"经济管理体制"）下过什么定义，但经济体制改革的脉络、线索非常清晰，而且操作性极强。

科学分为自然科学、社会科学和思维科学。在社会科学领域，马克思写出了《资本论》，列宁写出了《帝国主义论》（《帝国主义是资本主义的最高阶段》的简称），毛泽东写出了《新民主主义论》。新中国成立后，党领导人民谱写"社会主义论"。中国"社会主义论"的主题为：把中国建设成为富强民主文明和谐美丽的社会主义现代化强国，实现中华民族伟大复兴。富强回应经济，民主回应政治，文明回应文化,和谐回应社会,美丽回应生态。法学属于社会科学,其中,经济法学是法学的新兴分支。故而,经济法学是"社会主义论"的组成之一。我们应当站在这样的高度、向度,来认识法学形态上的经济法。

综上所述,当人们使用"经济法"这一术语时,称其"调整对象"是什么;而当人们使用"经济法学"这一术语时,则称其"研究对象"是什么。这二者相互联系,但不能混用。

二、中国经济法的产生和发展

1. 领导高层对经济法的关注

社会主义事业的成功,依赖于党中央的正确决策。经济法事业同样如此。

1978年12月13日,邓小平在中央工作会议上所做的报告《解放思想,实事求是,团结一致向前看》中提出:"应该集中力量制定刑法、民法、诉讼法和其他各种必要的法律,例如工厂法、人民公社法、森林法、草原法、环境保护法、劳动法、外国人投资法等等。""国家和企业、企业和企业、企业和个人等等之间的关系,也要用法律的形式来确定;它们之间的矛盾,也有不少要通过法律来解决。"

1979年6月16日,叶剑英在第五届全国人民代表大会第二次会议开幕词中提出:"随着经济建设的发展,我们还需要有各种经济法。"

1979年6月26日,彭真在《关于七个法律草案的说明》中提出:"随着经济建设的发展,我们还要经过系统的调查研究,陆续制定各种经济法和其他法律,使社会主义法制逐步完备起来。""刑法的任务限于处理刑事犯罪问题。不能把应按党纪、政纪和民法、行政法、经济法处理的并不触犯刑法的问题,列入刑法,追究刑事责任。因此,这类问题都不列入刑法。"

1989年3月8日,李先念在给全国首届经济法知识电视大赛的贺信中指出:"中国经济法研究会、中央电视台:举办全国经济法知识竞赛,普及宣传经济法知识,是一件好事,特函祝贺!经济法是新兴的法律部门和学科,需要不断探索和完善。希望广大干部和群众特别是广大经济法和法律工作者,要认真掌握和执行经济法律、法规,运用法律手段,为保障改革、开放的顺利进行,促进国民经济长期稳定和健康发展而努力工作。"

改革初期还很缺乏经济立法的经验,因而大家对了解、借鉴国外立法非常重视。有关部门策划、收集、编译若干主要国家的经济法律法规,名曰"外国经济法"丛书。这套丛书由习仲勋、彭冲、陈慕华、王汉斌四位副委员长担任顾问,顾明[时任全国人大法律委员会(今全国人大宪法和法律委员会)副主任]担任主编。1991年开始出版,最初问世的有"日本国卷""南朝鲜卷"等五大卷。

老一辈无产阶级革命家对经济法事业的关注和支持,给经济法学界增添了巨大的鼓舞力量。

2. 经济法异军突起

经济法的出现,是有历史原因的,也是有意识的活动。某一领域、某一环节的问题、矛盾突出了,就会产生相应的立法需求和行动。因而,经济法的产生并非偶然,而是符合经济发展的规律性的。外国一般也是如此。

在中国,现代意义的经济法,产生于1978年12月党的十一届三中全会,会议决定以经济建设为工作重点,实行改革开放,逐步突破传统的、过于僵化的经济管理体制,断然采取现代化新举措。20世纪后期,1979年的《中华人民共和国中外合资经营企业法》,1980年的《广东省经济特区条例》,1985年的《中华人民共和国会计法》,1986年的《中华人民共和国土地管理法》《中华人民共和国外资企业法》,1988年的《中华人民共和国中外合作经营企业法》,1992年的《中华人民共和国税收征收管理法》,1993年的《中华人民共和国农业法》《中华人民共和国消费者权益保护法》《中华人民共和国反不正当竞争法》，1994年的《中华人民共和国预算法》《中华人民共和国审计法》，1995年的《中华人民共和国中国人民银行法》《中华人民共和国商业银行法》，1997年的《中华人民共和国价格法》；21世纪初期，2002年的《中华人民共和国政府采购法》，2007年的《中华人民共和国反垄断法》《中华人民共和国企业所得税法》，2008年的《中华人民共和国企业国有资产法》等，即为经济法代表。异军突起，实乃必然。

回顾起来，中国当代经济法的发展，大致可划分为两大阶段：一是党的十一届三中全会以来，特别是确立社会主义市场经济体制以后，经济法的勃然兴起；二是2012年11月党的十八大以来，经济法的深入推进。现在，一大批重要的经济法律或者与经济相关的法律已经出台，如《中华人民共和国旅游法》（2013年、2018年）、《中华人民共和国国家安全法》（2015年，包括经济安全在内）、《中华人民共和国网络安全法》（2016年）、《中华人民共和国环境保护税法》（2016年）、《中华人民共和国资产评估法》（2016年）、《中华人民共和国核安全法》（2017年）、《中华人民共和国电子商务法》（2018年）、《中华人民共和国外商投资法》（2019年，统一了以前的3部外商投资企业法）、《中华人民共和国出口管制法》（2020年）、《中华人民共和国长江保护法》（2020年）、《中华人民共和国生物安全法》（2020年）、《中华人民共和国乡村振兴促进法》（2021年）、《中华人民共和国湿地保护法》（2021年）、《中华人民共和国反食品浪费法》（2021年）、《中华人民共和国海南自由贸易港法》（2021年）、《中华人民共和国数据安全法》（2021年）、《中华人民共和国反外国制裁法》（2021年，包括反经济制裁在内）等。与此同时，国家修正了一大批经济法律或者与经济相关的法律，如《中华人民共和国农业法》（2012年）、《中华人民共和国政府采购法》（2014年）、《中华人民共和国就业促进法》（2015年）、《中华人民共和国对外贸易法》（2016年）、《中华人民共和国中小企业促进法》（2017年）、《中华人民共和国会计法》（2017年）、《中华人民共和国预算法》（2018年）、《中华人民共和国企业所得税法》（2018年）、《中华人民共和国个人所得税法》（2018年）、《中华人民共和国产品质量法》（2018年）、《中华人民共和国循环经济促进法》（2018年）、《中华人民共和国反不正当竞争法》（2019年）、《中华人民共和国城乡规划法》（2019年）、《中华人民共和国土地管理法》（2019年）、《中华人民共和国食品安全法》（2021年）、《中华人民共和国安全生产法》（2021年）、《中华人民共和国审计法》（2021年）、《中华人民共和国科学技术进步法》（2021年）、《中华人民共和国种子法》（2021年）等。[1]此外，国务院还制定了一大批重要的经济法规，重要者如新制定的《政府投资条例》（2018年）、《人力资源市场暂行条例》（2018年）、《保障农民工工资支付条例》（2019年）、《优化营商环境条例》（2019年）、《行政事业性国有资产管理条例》（2020年）、《防范和处理非法集资条例》（2020年）、《市场主体登记管理条例》（2021年）等；修正过的《粮食流道管理条例》（2021年）、《建设工程质量管理条例》（2021年）等。由此可见，新时代中国特色社会主义经济法正在日益完善。

3. 经济法的现实基础

一是市场化的经济基础，表现在所有制、分配制和市场经济体制等方面的新变化。

二是民主化的政治基础，即坚持社会主义制度和中国共产党领导，实行人民代表大会制度。

三是多样化的社会基础，主要指形成了新的社会阶层。

四是政策化的法律基础，特别是宪法为经济法提供了根本的法律依据，党中央经济改革文件为经济法提供了系统的政策导引。

---

[1] 本次出现的法律名称皆采用全称，后文第二次出现时采用简称，不再一一注明。

从事经济法研究，最需要关心国家大事，最应该随时掌握国民经济的大政方针和立法进展，苦在最前，笑到最后。

4. 社会主义经济法本色源于社会主义制度本质

中外都有人研究制度经济学、制度法学。前者属于经济学分支，后者属于法学分支，但二者亦有交织。要想解释清楚，还得回到作为根本的社会制度上来。以上所述中国市场化改革，均源于社会主义制度的本质要求。这是关系到中国当代经济法的政治方向的问题。

什么是社会主义？邓小平同志精辟指出："社会主义的本质，是解放生产力，发展生产力，消灭剥削，消除两极分化，最终达到共同富裕。"[1]生产力、生产关系，两个方面都要考虑进去。

社会主义经济法，作为上层建筑之一，必须与生产力、生产关系相适应，表现自己的特色和优势。发展经济、共同富裕，正是社会主义经济法的目标。习近平同志2021年8月17日在中央财经委员会第十次会议上提出："要坚持以人民为中心的发展思想，在高质量发展中促进共同富裕。"[2]为此，广东省经济法学术年会讨论了一个专题："开拓在高质量发展中促进共同富裕的经济法新格局"。

古语有"机缘巧合"之说。以上各种现实因素对经济法的生成给予了多个角度但又是有机结合的影响。可以说，经济法与中国社会主义有缘有分。这是经济法形成发展的现实逻辑。

三、经济法的定位：国民经济发展法

1. 经济法的实践性

"辩证唯物论的认识论把实践提到第一的地位"[3]，中外经济法

---

[1] 《邓小平文选》（第3卷），人民出版社1993年版，第373页。
[2] 载《人民日报》2021年8月18日第1版。
[3] 毛泽东：《实践论》（1937年7月），见《毛泽东选集》（第1卷），人民出版社1991年版，第284页。

的历史,都显示出经济法强烈的实践性。

1979年,芮先生在给研究生讲课的基础上,整理出《美国与西欧的"经济法"和"国际经济法"》一文,发表于《法学研究》1979年第5期。这是当时中国法学界最有分量、最有影响的一篇经济法学专论。尔后,他对建设中国经济法学、国际经济法学,从必要性、必然性、基本概念、基本原理、基本体系、法学学科与法律实体形态之间的关系等方面提出了一系列原创性见解。

2003年,芮先生曾送给我一份总结材料,内云:"芮沐教授认为,搞经济法和别的法律部门不一样,应同时考虑经济问题和法律问题,并且要纵横兼顾,宏观和微观并重,公法与私法同时处理;在处理国际经济法问题时,则应该是国际法和国内法并重,但立足的主要方面是在国内法。"其中,"公法与私法同时处理",为先生亲笔所添,还加了着重号。①

2008年秋,在北京大学庆贺芮沐先生百岁华诞之际,受活动主办方之托,在会上,我将芮先生对"经济法""国际经济法"的创见归纳为六点。②

第一,经济问题与法律问题同时考虑,以法律服务经济。

第二,纵向关系与横向关系统筹兼顾,以纵向带动横向。

第三,宏观领域与微观领域二者并重,以宏观统率微观。

第四,公法规范与私法规范一并应用,以国家因素主导管理。

第五,国内法与国际法兼容互动,以国内法作为基本立足点。

第六,创立新兴的法律形态和法学学科:立足实际,着眼

---

① 芮沐这段总结,转引自程信和《经济法之原创性——芮沐先生经济法学术思想心得》,载《北京大学学报(哲学社会科学版)》2008年第4期,第144页。

② 同事曾东红笑言:"'芮六条'之概括,已得芮师真传矣。"

发展。①

这六个基本观点，事先得到芮老首肯。

高人自有远见。芮先生原本是民法学和国际私法学大家，他对现代各国法律演变情况进行深入研究之后，提出崭新的见解："经济法的这种整体观念，较其他法更为显著。"②在社会主义现代化建设进程中，芮先生从实际出发创造的"整体经济法论"，开拓了中国的经济法学科。杨紫烜、刘文华、徐杰、李昌麒、陶和谦、潘静成、刘隆亨、种明钊、张士元、肖乾刚、漆多俊、刘瑞复、贾俊玲、黎学玲等先生，也都是主张"经济法整体"的。

2. 经济法的使命：发展先声

到底什么是经济法，经济法是做什么的？这是一个基本问题。对此，我的认识也随着社会实践和教学研究而逐步深化。

第一次，探求经济法律、法规的共性。

人生识字糊涂始。1983年，在参加全国经济法理论研讨会提交的《经济法理论研究的方法论初探》一文中，我提出："我国的经济法是直接调整社会主义经济关系的法。""一系列的经济法律、法规之所以能概括为一个整体意义上的经济法概念，这是因为，它们在法律形态上具有一定的共性。"③"共性"者，经济法之基本特征也。"直接调整"，即为"共性"。而显示基本特征、概括基本特征，都要有一个过程。但严格来说，将经济法称为"一系列经济法律、法规的总称"，是不够确切的，应称为"一系列特定经济法律规范的总称"。杨紫烜教授（他是我的指导老师之一）在这个定义问题上的理

---

① 程信和：《经济法之原创性——芮沐先生经济法学术思想心得》，载《北京大学学报（哲学社会科学版）》2008年第4期，第144-150页。
② 芮沐：《芮沐文集》，北京大学出版社2020年版，第312页。
③ 程信和：《经济法理论研究的方法论初探》，载《法学论文集——纪念北京大学法律学系重建三十周年》，北京大学出版社1984年版，第352页、350页。

论逻辑最为清晰。我曾赋诗:"不苟一丝学紫烜。"

第二次,确认现代经济法的历史方位。

"忽如一夜春风来,千树万树梨花开。"国家正式确定实行社会主义市场经济,经济法的思路应当与改革开放保持高度一致。1993年,在《经济法新论——改革开放中的若干经济法律问题》一书中,我将"整体意义上的经济法"定位为"市场经济法"。[①]这与18世纪、19世纪西方学者提出的经济法,与20世纪上半叶和中叶苏联、东欧学者主张的经济法,都不一样。"市场经济法"要求正确处理政府与市场的关系,既有别于传统的计划经济体制下"政府包揽一切",更不同于新自由主义的"市场决定论"即唯市场论。

1993年年底,潘静成教授(中国人民大学)、严振生教授(中国政法大学)、黎学玲教授(中山大学),都对《经济法新论》的基调做出了肯定的评价。

第三次,从世界各国经济法中找出规律性。

20世纪70年代末,沈宗灵教授在北大给研究生讲课时提到《国际比较法百科全书》有一卷题为《国家与经济》(State and Economy),表述的就是经济法问题。我一直记得沈教授的教诲、指点,后来曾委托王红一教授帮忙在北大图书馆搜寻此书。2000年,在《经济法与政府经济管理》一书中,我提出:"经济法的实质,是以法律的形式反映国家因素对市场经济关系的影响。可以说,经济法是从社会整体利益出发,直接调整在国家管理和协调国民经济运行过程中产生的经济关系的法律规范的总称。"[②]不过,这里所说的"社会整体利益",在社会主义制度和资本主义制度下,其含义、内容差别甚大,不可混为一谈。

第四次,从国家民主法制建设总格局上考察经济法。

---

① 程信和:《经济法新论——改革开放中的若干经济法律问题》,中山大学出版社1993年版,第4-5页。

② 程信和:《经济法与政府经济管理》,广东高等教育出版社2000年版,第32页。

经济法不只是法制问题，而且也是民主问题，即超越法本身的工具担当。2006年11月15日，我应邀参加全国人大常委会召开的为党的十七大报告做准备的座谈会，并提交了《对加强社会主义民主法制建设的若干思考》（书面稿）。其中，涉及经济法问题的意见有：现行《宪法》第62条关于全国人大职权第三项"制定和修改刑事、民事、国家机构的和其他的基本法律"这一处，在"国家机构的"之前加上"经济"；《宪法》中增加"发展权利"的规定；完善和统一企业法；完善和统一税法；通过经济法落实《宪法》中关于"国家加强经济立法，完善宏观调控"的规定；经济法要有一部总的法律规定，可否考虑起草《经济法总则》或《经济法通则》。我在发言稿中明确表示，"经济法是国民经济发展法、分配法和安全法"。而整个发言的基调在于，通过包括经济法在内的制度设计和制度建设，如何体现"坚持党的领导、人民当家作主和依法治国"三者的有机统一，而不局限于"就法论法"。

第五次，中国特色社会主义进入新时代之后对经济法的考察。

在中央关于全面深化改革精神指导下，2013年12月14日，在广东省法学会经济法学研究会学术年会上，我做了"'现代市场经济法'断想——兼论中国经济法学的转型与中兴"的主题发言，提出：中国经济法的调整对象不同于传统民法的财产所有、财产流转关系，也不同于传统行政法的命令服从关系，而是市场经济运行中形成的特定经济关系。此类特定经济关系可划分为两个层次：第一层次是经营者与消费者之间的市场交易（也包括金融交易），经营者相互之间的市场竞争与合作（也包括金融竞争与合作），这些由市场"无形之手"决定的、第一位的经济关系可概括为基础性经济关系，简称为"基础关系"。第二层次是国家"有形之手"出动而导致的宏观调控、市场监管等，这些第二位的经济关系可概括为管理性经济关系，简称为"管理关系"。基于社会化大生产条件和社会整体利益理念，市场运行中的基础关系，连同为之服务的管理关系，这两个层次的经济关系有机衔接起来组成一个整体，成为经济法统一调整的对象。就此意义而言，经济法是直接、综合调整市场经济运行中的基础关系和管理关系的法律规范的总称。

第六次，在法律规范集成化历史大势下对经济法的考察。

经过长期的学习研究和实践考察，2018年，我在《经济法通则立法专论》一书中做出进一步表述："经济法调整国民经济运行关系即国民经济运行中产生的基础性和管理性经济关系，成为市场经济治理准则，是国民经济发展法。'运行'指过程，'治理'指行为，'发展'指目标，亦即结果。"① 可以比较三个提法："国民经济运行法""国民经济治理法""国民经济发展法"。这三个提法都能成立，但我更倾向于最后一个提法，它确定了新兴经济法的历史使命。

从1986年制定《中华人民共和国民法通则》，到2020年合成《中华人民共和国民法典》（简称《民法典》），两部法律的制定为我们提供了法律规范集成化的经验。如前所述，民法、经济法构成市场经济法治化的"两基"。有鉴于此，我们建议，为了确立经济法的整体形象，应当制定统一的"经济基本法"，比如说，从"通则"或"总则"而后到"法典"。

我也与师友们、学生们反复交流"经济法是国民经济发展法"这一基本认知，得到至理的回应。

——前辈刘文华教授指出："只有现代经济法，才能胜任国民经济发展法的基本使命。"② "只有""才能"，何等的斩钉截铁！

——2018年年底，刘国臻教授在《新时代经济法的先声》一文中评说道，程信和老师《经济法通则立法专论》一整套文稿，

---

① 程信和：《经济法通则立法专论》，濠江法律学社2019年版，第35页。
② 刘文华：《关于"经济法通则"立法的基本考察》，见程信和《经济法通则立法专论》，濠江法律学社2019年版，第141-142页。

"的确是体现了'国民经济发展法'的基调和色彩"①。

——此前，2013年6月，周显志教授、张永忠教授、曾晓昀博士在提交给广东省法学会经济法学研究会学术年会特稿《经济法学的传承与创新》一文中评说道：程信和老师主张，经济法是国民经济发展法。"从'国民经济管理法'到'国民经济发展法'，这是多么引人注目的理论飞跃，这不就是与时俱进吗？"

——张红教授表示："程本《经济法通则》（学者建议稿）在立法宗旨中强调'贯彻中国发展权理念'，并将经济法定位为'国民经济发展法'。我认为合乎中国国情，颇具新意。"（2019年7月14日）

——卢炯星教授表示："我也主张，现代经济法可定位于'国民经济发展法'。"（2020年12月7日函）

——李平教授赞同《经济法通则》（学者建议稿）中以"国民经济发展法"定位经济法。（2019年8月9日）

——谢进杰教授赞同"新兴经济法是国民经济发展法"的基调定位。（2019年8月9日）

——闫海教授高度评价经济法作为"国民经济发展法"的基调定位。（2021年9月2日）

3. 经济法的精神："吉祥三宝"

我认为，当代经济法要把握发展、分配、安全三个范畴（概念）。发展对应增长财富，分配对应享受财富，安全对应保护财富。

前辈李昌麒教授曾指出："程信和从经济法基本范畴的角度研究经济法的基本理论，……在这里，我更看重把经济法的全部作用归纳为发展、分配和安全的理论，应当说这个揭示抓住了经济法赖以存在

---

① 刘国臻：《新时代经济法的先声》，见程信和《经济法新论——改革开放中的若干经济法律问题》，中山大学出版社1993年版，第157页。

的基础和发展的目标。"①

张守文教授亦指出:"发展、分配和安全,确实是研究经济法非常重要的三个维度!"(2017年4月4日,张守文致程信和函②)

在经济法视野下,"发展、分配、安全三个维度"的展开及组合,成为经济法的基本课题。尔后设计《中华人民共和国经济法典》(简称《经济法典》),可以着重表达经济发展、经济分配、经济安全三个方面的法律制度(参见图1-2)。

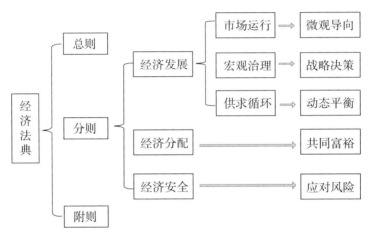

图1-2 经济法整体结构

经济法精神可概括为"吉祥三宝"——发展、分配、安全三位一体,核心是发展。

必须了解,"调控"指调节、控制或调度、控制;"监管"指监督管理或监视管理,都属于政府行为、管理行为,不是企业行为、市场行为。"调控""监管"重要而且必要,但它们本身并非目的,而只是手段、动作,最终还是要规范、保障国民经济发展。"管理"在

---

① 李昌麒:《发展与创新:经济法的方法、路径与视域(上)——简评我国中青年学者对经济法理论的贡献》,载《山西大学学报(哲学社会科学版)》2003年第3期,第28页。
② 张守文函复,转引自程信和《新时代中国特色经济法学之新气派》,载《法治社会》2018年第1期,第10页。

词义上可能让人直观感到一种层级关系，而忽略了经济法也会调整某些特殊的横向经济关系。因而，经济法研究的范式，应从管理思维转型到发展思维。不要作茧自缚，而要与时俱进。进入新时代，"推动高质量发展"已成为国家工作的主题。党的十八大以来，中央将工作基调定为"稳中求进"。党的十九大之后，国务院设立金融稳定发展委员会，突出"稳定发展"，立意非常明确。2019年6月23日，在南方三省（鄂、琼、粤）金融法治研究联合会"金融法治建设的理论和实践"论坛（年会）上，我受命在闭幕式上做总结发言，强调实施"金融稳定发展的法律保障要求"。可以设想，如果把经济法的视野局限于工具性的"调控""监管"，难以适应新的形势。

立足国民经济发展新格局，法学界对经济法的考察也有了新的表达。比如，杨松教授认为："党中央提出推进国家治理体系和治理能力现代化，经济法就应该担负起经济治理法的新使命。"（2019年8月20日函）又如，刘文华教授在讲到"经济法共识"时，提出："对其中的'市场规制'的表述，我现在认为，为避免'规制'一词被误解、滥用，改为'市场治理'更为妥当。"（2019年12月9日）以上使用的概念是"经济治理""市场治理"。显而易见，"治理"包括但不限于"调控""监管"，而且体现出政企互动、软硬联动。

宏观调控、市场监管"两分法"的经济法体系认知，有其天然的合理性。有人认为，宏观调控、市场监管已形成共识。但笔者认为，共识也是可以继续推进和深化的。

四、经济法的基本原则

1. 表现市场经济共性的基本原则

包括两个原则：法治经济、社会本位。

经济法的逻辑起点，可否认定为社会整体经济利益？我觉得可以。因而，经济法与公共管理合拍。2003年12月，在台湾地区举办的一次国际公共管理学术研讨会上,我提交了《公共利益、公共管理与法制建设》的发言论文。应当了解到,经济法塑造了公共利益、社会责任的核心概念。但须注意,社会本位方面,社会主义经济法与资本主义经济法仍存在不少区别。共性反映普遍,个性显示差异。

2. 彰显中国社会主义市场经济特色的基本原则

包括四个原则:科学发展、公平分配、保障安全、经社一体(城乡经济社会协调发展)。

以人民为中心的发展,统筹兼顾,集中力量办大事,社会主义制度的这些优越性,在经济法的基本原则中得到充分体现;反过来也可以说,以经济法的基本原则,促进实现社会主义的生产目的。

经济立法就是在矛盾的焦点上开刀,或者说取舍,即统筹协调利益关系。因而,在维护社会整体经济利益的过程中,还须正确处理整体利益(国家、社会)与个体利益(企业、个人)的关系。政治统领法治,法治之中有政治,但法治与政治仍各有侧重。比如,政治上提倡大公无私、先公后私,法律上则是要按规则办事,合理安排,该公则公,该私则私。

原则是研究问题之后抽象出来的结论、判断,又用以指导研究新的问题。对于经济法的基本原则,学术界存在多种说法,尚需进一步研究。但无论怎么表述,都应贯彻新发展理念,实现发展、公平、安全三位一体的价值。

还须注意,经济法的基本原则与经济工作的基本原则,既有联系又有区别,前者突出权利、义务、责任,后者着重权限、程序、效果。而这种经济工作程序,又不同于仲裁、诉讼程序。法律上特称的"程序法",是相对于"实体法"而言的。

五、经济法的法律属性

古罗马以来,西方法学家将法律分为公法和私法,这种思维传至东方。

但自近代开始,在世界范围内,经济社会的变迁,引起了法律的社会化运动,产生了"部分公法私法化、部分私法公法化"的现象。"社会法"概念由此而生,而经济法成为广义社会法的一个部分。狭义的社会法则只包括劳动法、社会保障法等。

经济法作为法的社会化运动的产物,它以公法为主导,公法因素、私法因素相结合,形成新的法律体系。竞争法、产业法等,正是如此。日本学者金泽良雄说得好:"经济法正是跨于公法、私法两个领域,并也产生着这两者相互牵连以至相互交错的现象。"①我也曾在1997年《中外法学》杂志上发表过《公法、私法与经济法》一文。假若把经济法局限于公法,则与中外经济立法的实践不尽一致,也降低了经济法的功能。西方法学者也有突破单纯公法或单纯私法的传统范畴思维的,我们不是更应该解放思想、拓宽视野吗?

六、经济法的着力点:有效市场和有为政府更好结合

1. 经济体制改革的核心是"政府和市场的关系"

当商品经济和市场化发展到一定程度之后,政府和市场在资源配置中的比重也会发生变化。

2013年,中国提出全面深化改革,明确了对资源配置"市场起决定性作用,更好发挥政府作用"。这是一个认识上的飞跃:"市场作用"指向"基础性经济关系","政府作用"指向"管理性经济关系"。放开市场、优化治理,这就确立了当代经济法的基本思路——直接、综合调整国民经济运行中产生的基础性的和管理性的经济关系。

---

① [日]金泽良雄:《经济法概论》,满达人译,中国法制出版社2005年版,第33页。

有些讲课、论著中经常使用"国家干预"来表述中国经济法。什么叫"干预"？干预的原意是过问别人的事。改革就是基于过去政府对微观经济管得太多、太细，压抑了企业的主动性、创造力。因此，1993年《中共中央关于建立社会主义市场经济体制若干问题的决定》提出："政府运用经济手段、法律手段和必要的行政手段管理国民经济，不直接干预企业的生产经营活动。"2008年《企业国有资产法》规定："国务院和地方人民政府应当按照政企分开、社会公共管理职能与国有资产出资人职能分开、不干预企业依法自主经营的原则，依法履行出资人职责。"2013年《中共中央关于全面深化改革若干重大问题的决定》指出："市场决定资源配置是市场经济的一般规律，健全社会主义市场经济体制必须遵循这条规律，着力解决市场体系不完善、政府干预过多和监管不到位问题。"2019年2月25日，习近平总书记指出："市场经济是法治经济，要用法治来规范政府和市场的边界。现在，有些地方政府部门仍然热衷于直接配置资源、直接干预微观经济活动，导致部分产能过剩、地方债务和金融风险积累等问题多发。要用法律和制度遏制一些政府部门不当干预经济的惯性和冲动，解决好政府职能越位、缺位、错位的问题。"① 以上所引，表明改革开放以来中央对"政府与市场关系"的一贯态度。据此，"干预"一词的正确用法，不是很清楚了吗？马克思、恩格斯讲过，资本主义国家的政府是管理资本家事务的委员会。西方社会使用"国家干预"来界定它们的经济法，我们不能简单搬运过来解释中国的经济法，因为它不符合中国的实际。我们要创造中国学术、贡献世界学术。

2. 经济法的着力点

经济法的着力点，源于对社会主要矛盾的判断。我们现在的突出

---

① 习近平：《为做好党和国家各项工作营造良好法治环境》，见习近平《论坚持全面依法治国》，中央文献出版社2020年版，第255页。

问题是：人民日益增长的美好生活需要和不平衡不充分的发展之间的矛盾。

经济法的着力点，源于对国民经济基本主体关系的判断。经济法律关系存在两大基本主体：一是企业，二是政府。它们是统一的，但也存在矛盾。经济法强调两手论，即"保障有效市场和有为政府更好结合"，把市场这只看不见的手和政府这只看得见的手结合起来。经济法坚持政企分开而又政企互动。比如我写过《宏观调控法论》，分析了政企分开；又比如邓敏贞与我商量之后，写出《公用事业公私合作制的法律问题研究》博士学位论文，分析了政企互动。

权利通过行为实现。市场这只看不见的手，往往是由"企业等市场主体"在经济活动中的积极作为表现出来的，包括市场交易、竞争和合作。

到2017年年底，中国97%以上的商品和服务价格已实现市场调节。截至2021年11月1日，登记在册的市场主体总量已超1.5亿户。到2021年3月，中国制定了《中华人民共和国国民经济和社会发展第十四个五年规划和2035年远景目标纲要》。至2021年6月，据统计，单行经济法律已达百部，经济法规已有数百部。这些经济法律、法规坚持实行"有效市场和有为政府更好结合"，经济法的动力化为经济主体的活力。此即显示，经济法得到多方面展开而逐渐走向成熟。

不论经济法学界有多少种见解、提法，在"政府与市场结合"这一要点上达成了共识。换言之，对经济法的主题、主线、主调，经济法学界的通解占了主流。最为欣慰者，莫过于此。是故，2008年11月2日在全国法学会经济法学研究会年会（于上海）上，我所做的大会总结定题为"中国经济法学：共识与个性相映生辉"。"生辉"者，同向而为也。因此，如果觉得经济法学语出多门而产生某种悲观失望情绪，是完全不必要的。

七、经济法总格局：独立的、基本的、重要的法律部门

1. "独立的、基本的、重要的"这三个定语，表明"经济法的整体形象"

这是本人的一贯主张。记得20世纪末，前辈杨紫烜教授主持编写《经济法》教材。在设计过程中，我建议使用这三个定语。我认为，"独立的"，相对于民法、行政法而言。"基本的"，指它在国家法律体系中的地位。"重要的"，显示它的作用。"独立的"建立在"基本的""重要的"基石之上。关键是"基本的"。基本的东西都重要，但重要的东西不一定都划归基本。零散立法不可能系统解决问题。所以，一定要制定一部"基本经济法"或"经济基本法"。何文龙博士建议，经济法即可称为"国民经济基本法"（2021年8月15日）。

也还是在20世纪末，前辈徐杰教授邀我到中国政法大学给经济法专业博士生、硕士生做学术交流，会议由他亲自主持。我力挺经济法作为一个新兴法律部门的独立性、基本性、重要性。我的意见与徐教授的观点一致。

经济法建设突出的短板恰恰在于缺乏一部系统的实体法，即经济基本法。若干年之后，我们组织编纂《经济法通则》《经济法典》，均源自"基本的"这个初心。中国经济法发展史志正是这样。

2. 中国最高立法机关已确定经济法为社会主义法律体系组成部门之一

从1999年起，最高立法机关将国家法律体系划分为七个法律部门，经济法位列其中。国务院新闻办公室为此还发布过两次白皮书：《中国的法治建设》（2008年2月）、《中国特色社会主义法律体系》（2011年10月）。2011年3月，十一届全国人大四次会议批准的全国人大常委会工作报告宣布，中国特色社会主义法律体系已经形成。全

国人大常委会法工委、国务院法制办（后为法制局，现并入司法部）每年编辑的法律文件库，都是按照上述七分法归类。这在世界上绝无仅有。

但七个法律部门的划分，也是会发展的，比如对环境法独立成一类别，已引起讨论。我也在思考，怎么能把环境法完全划入行政法类别呢？逻辑上存在不当，实践上也有失误。实际上，环境法更多的是呈现社会法的色彩，与经济法紧密相连。

还是回到经济法本题上来。由此观之，有现实需要，有官方支持，有多年积累，经济法的整体形象，是应该并且可以树立起来的。

八、经济法分格局：部门经济法范例

1. 实践中的类别

如前所述，经济法范围宽广。

一类是竞争法，包括反垄断法、反不正当竞争法等，事关每一个市场主体。

一类是消费者权益保护法，事关每一位消费者。

一类是产业法，比如农业法、工业法、科技法等。其中，科技法也是产业法，又指导和支持其他产业法。农业法中的粮食法问题尤为突出，为此曾晓昀与我商量之后，写出了《中国粮食安全法律保障研究》的博士学位论文。

一类是财政法，包括预算法、税法等。财政与规划（计划）是配套的。现代财政制度的基础仍是预算。"国家的预算是一个重大的问题，里面反映着整个国家的政策，因为它规定政府活动的范围和方向。"[①]虽然财政法里行政的因素较重，但以财政政策为核心的财政法整体上符合经济法的"质的规定性"。

---

① 《毛泽东文集》（第6卷），人民出版社1999年版，第24页。

一类是金融法，包括银行法、证券法、保险法等。1997年7月亚洲金融危机发生以后，中国密切关注事态的发展，世界各国也都在关注中国的动静。1998年10月，我应邀为广东省委常委理论学习中心组做了"加强法制建设，保障金融安全运行"的专题讲座，提出了自己的一些思考和建议。我也关注过民、经融合而成的证券法。1998年11月16日，时任全国人大常委会委员长李鹏在深圳进行证券法立法调研，我在讨论会上提出的两条意见、建议，后刊登于全国人大常委会工作简报，而后李鹏的著作《立法与监督》中亦有记载。可以认为，以货币政策为核心的金融法整体上符合经济法的"质的规定性"。但这并非意味着金融法律中的所有规范都属于经济法规范。

一类是房地产法，事关每一位居民，也事关政府财政。我与刘国臻等编著的《房地产法》和《房地产法学》，曾分别被列为全国高等教育自学考试教材、国家级规划教材。我们达成如下基本认识：房地产法整体上符合经济法的"质的规定性"。但这并非意味着房地产法律中的所有规范都属于经济法规范。

一类是资源法，包括土地管理法、矿产资源法、森林法、水法、节约能源法等。

一类是涉外经济法，包括外贸法、外资法、经济特区法、自由贸易区法等。对外开放作为基本国策，涉外经济关系一部分与国内市场主体适用同样的法，如公司、合同、税收；另一部分适用专门的涉外法，如外资、外贸、外汇。

一类是分配法。几年前，我曾发表过一篇题为《加大收入分配调节力度的法律思考》的论文。

一类是安全法，包括食品安全法、安全生产法等。我曾指导黄宁、谭珊颖做过这方面的博士学位论文。

上述部门经济法也不是各自为政，而要相互配合。比如，产业法、竞争法并行，竞争法、合作法结合，不要强调了这个就忽视了那个。要在产业政策的指导下发挥竞争政策的基础性作用，在公平竞争的同时开展有效合作。总之，坚持系统观念。

经济法种类丰富多样，蔚为壮观。也因此人们觉得它确实重要。

2. 理论上的取决

存在的问题是，这么多的"部门经济法"，应归类为哪些"经济法子部门"呢？每一子部门都要有一部或几部基础性法律。经济法学界对经济法的子部门体系仍在持续探讨之中。

我们建议，按照"发展、分配、安全"三个维度，可将庞大的经济法规范体系分为五个板块，即市场运行法、宏观经济治理法、供求循环法、收入分配法、经济安全保障法。

九、经济法的价值（功能）：加强经济法治建设，发展法治经济

1. 价值（功能）观

现代经济法服务的对象、发挥作用的范围是国民经济。这个国民经济有什么特征呢？以中国为例。第一，以公有制为主体，多种所有制经济共同发展。第二，以按劳分配为主体，多种分配方式并存。第三，实行社会主义市场经济，而市场经济本质上是法治经济。因此，要加强经济法治建设，发展法治经济。

从理论的角度考察，经济法具有经济价值、政治价值、社会价值和文化价值。为此，我专门写过《现代经济法的价值》一文。

40年前芮沐老师指导我，在经济法教学研究中，要加进"政治责任"这一概念。他认为，计划法里要规定政治责任，以后修改宪法也要加上规定政治责任；法律上规定的政治责任，也应当成为法律责任。我感到，这个意见值得研究。党的十九大报告中提到"履行维护国家主权、安全、发展利益的宪制责任"。这里的"宪制责任"，我的理解就是一种"政治责任"。

从实践的角度考察，经济法的功能既包括规范发展，又包括应对

风险。

依法制定中长期发展规划,制定各种产业政策,制定重点区域战略,制定全国人民共同富裕纲要,并采取就业、价格、税收、信贷、消费、投资等合理有效措施,这就是主动规范、积极引导国民经济发展。这是经济法的第一位的任务。

"经济法是应对经济风险的基本法律对策",经济法学界许多学者的这一见解,很有现实针对性。比如,防止核心技术被人箝制,防止资本无序扩张,防止发生系统性金融风险,防止战略性能源失控,防止城市规模膨胀,防止农村土地抛荒,防范和处置非法集资,防范和打击传销,制止和杜绝粮食浪费,消除两极分化,等等。经济法既是和谐的工具,又是斗争的武器。法的精粹是什么?道是无情却有情!水的柔和、刀的寒光,软硬兼容。

2. 实践的效果

顾名思义,"法治经济"必须依仗"经济法治","经济法治"必然服务"法治经济"。

经济法在构建"中国特色社会主义法律体系"中,突显了改革开放的精神。经济法填补了国家法律中的一个空白。

经济法在推动"全面建成小康社会"的伟大事业中,发挥了规范促进的作用。中国式精准扶贫经验中,经济法占了很大分量,成为实际上的"反贫困法"。

经济快速发展、社会长期稳定这"两大奇迹"表明,国家需要经济法,企业需要经济法,民生需要经济法。

3. 今后的期待:构建"世界上最好的经济法制度"

在文明社会,人是生活在制度之中的,制度起着决定性的作用。毛泽东同志、邓小平同志先后提出,我们的人民民主专政的社会主义制度"具有极大的优越性"[①];要使它"一天天完善起来","成

[①] 《毛泽东文集》(第6卷),人民出版社1999年版,第184页。

为世界上最好的制度"①。习近平同志在新中国成立70周年之际，引证了毛泽东、邓小平上述论断，提出"坚持、完善和发展中国特色社会主义国家制度与法律制度"，意在强调建设"世界上最好的制度"②。

"最好"，也是相对而言的。"世界上最好的制度"，这一理想多么鼓舞人心。我们的经济法制度也应该是这样的！

我们追求，把《中华人民共和国经济法典》打造为"世界上最好的经济法制度"的载体。

符合什么要求，才算是"世界上最好的经济法制度"？

——具有落实宪法规定并与民法、社会法、行政法协同发力以推动、保障国民经济高质量发展的优势。

——具有解放生产力、发展生产力、保护生产力的优势。

——具有在高质量发展中促进全体人民共同富裕的优势。

——具有维护国家主权、安全、发展利益的优势。

——具有为构建人类命运共同体作出示范贡献的优势。

采取哪些举措，来构建"世界上最好的经济法制度"？

——继承、弘扬党的百年奋斗宝贵经验，全面践行习近平新时代中国特色社会主义思想。

——坚持和发展中国特色社会主义国家制度，包括建设整体法律制度，统筹推进国内法治和涉外法治。

——吸收国际与国外相关经济法治制度中的进步因素、有益成分。

要以"主义"指导"问题"，"破解"回应"实际"，"实际"提升"主义"。

必须充分发挥经济法的主动性、保障性作用，不能把它仅仅看成

---

① 《邓小平文选》（第2卷），人民出版社1994年版，第137页。

② 习近平：《论坚持全面依法治国》，中央文献出版社2020年版，第264页。

"救火队"。

经济法（学）的任务，就是充分发挥经济法的价值（功能）。针对国民经济中的主要问题——发展不平衡不充分、城乡区域发展和收入分配差距较大、现代化进程中还存在各种风险，经济法（学）把经济发展及经济分配、经济安全三个方面抓住了、推动了、管好了，功莫大焉。这就是在"全面建成社会主义现代化强国"的伟大新征程中，我们要做好的事情。

记得某日清晨，阳光灿烂，我与张守文教授相会于首都的国旗之下，一位款款笑道："凡有国旗升起处，必有经济法随之焉。"另一位朗朗应声："然也，然也。"经济法学人心心相印，不负时代。

时至今日，学界就新兴经济法形成了三个"确信"——确信新兴经济法已成为一个法律整体，确信经济法真正有自己的专业特色，确信经济法可实现传统法律部门所无法完成的历史使命。我们呼吁：在中国式现代化道路上，对顺乎潮流、适应现实的这个经济法法宝，不应忽略，更莫歧视，而要高看一眼，厚爱三分。

相关著述

1. 程信和：《经济法之原创性——芮沐先生经济法学术思想心得》，载《北京大学学报》（哲学社会科学版）2008年第4期。

2. 程信和：《试论实践意义上的经济法》，载《中山大学学报》（社会科学版）1992年第3期。

3. 程信和：《中国经济法的定位》，载《经济与法》1998年第1期。

4. 程信和：《略论经济法的定位和定界》，载《法商研究》1998年第6期；又见中国人民大学书报资料中心《经济法学、劳动法学》1999年第2期。

5. 程信和：《效率与公平——中外市场经济法制基本原则的比较及启示》，载《中山大学学报》（社会科学版）1996年第4期。

6. 程信和：《中国经济法向何处去》，载《社会科学家》2005年第4期。

7. 程信和：《论经济法在中国的创新》，载《中山大学学报》（社会科学版）2004年第6期。

8. 程信和：《充满活力的中国经济法》，载《重庆大学学报》（社会科学版）2008年第4期。

9. 程信和：《中国现代经济法的历史担当》，见《经济法研究》第15卷，北京大学出版社2015年版。

10. 程信和：《高度重视消费者利益的法律保护》，载《自修大学》（政法专业）1987年第9期。

11. 程信和：《解决物价问题也要依靠法律手段》，载《中山大学学报》（社会科学版）1989年第1期。

12. 程信和：《经济法与现代行政管理》，载《中山大学学报》(社会科学版)1997年第3期。

13. 程信和:《政府的法律地位和经济管理行为的规范化——兼作比较法研究》,载《现代法学》1997年第5期。

14. 程信和:《政府经济管理行为规范化与经济法制度的创新》,载《南方经济》2002年第1期。

15. 程信和:《宏观调控法论》,载《中山大学学报》(社会科学版)2002年第2期。

16. 程信和、杨小强:《论税法上的他人责任》,载《法商研究》2000年第2期。

17. 程信和:《加强法制建设 保障金融安全运行》,载《中山大学学报》(社会科学版)1998年第6期。

18. 程信和:《银行法的完善:修正与创新》,载《南方经济》2003年第7期。

19. 程信和、彭虹:《保险制度的经济法色彩》,见《经济法论丛》(第3卷),法律出版社2002年版。

20. 程信和:《朝着现代化、市场化、国际化的方向前进——中国近期外商投资立法述评》,载《南方经济》2001年第6期;见中国人民大学复印报刊资料《经济法学、劳动法学》2001年第11期;又见《中国经济法学精萃》(2002年卷),机械工业出版社2002年版。

21. 程信和:《论广东涉外经济立法的特色》,载《中山大学学报》(社会科学版)1986年第1期。

22. 程信和:《论经济特区的法律地位》,见端木正主编《广东经济特区涉外经济法研究》,中国政法大学出版社1991年版。

23. 程信和:《开拓法学研究的一个新领域——经济特区法》,见端木正主编《广东经济特区涉外经济法研究》,中国政法大学出版社1991年版。

24. 程信和：《海南腾飞与经济立法》，载《广东法学》1988年第4期；又见中国人民大学书报资料中心《特区与开放城市经济》1989年第1期。

25. 程信和：《加大收入分配调节力度的法律思考》，载《广东第二师范学院学报》2013年第6期。

26. 程信和：《关于市场风险的法律对策》，见李启欣主编《社会主义市场经济法制研究》，中山大学出版社1994年版。

27. 程信和：《论政府经济监督的法律机制》，见王乐夫主编《公共管理研究》（第1卷），中山大学出版社2002年版。

28. 程信和：《略论依法审计的科学含义》，载《广东审计》1989年第2期。

29. 程信和：《反摊派论》，载《中国金报》1989年5月12日第6版。

30. 程信和：《公法、私法与经济法》，载《中外法学》1997年第1期。

31. 程信和：《现代经济法的价值》，载《政法学刊》1997年第2期。

32. 程信和：第十二章《产品质量法律制度》、第二十八章《中央银行法律制度》、第三十章《会计和审计法律制度》，见杨紫烜主编《经济法》，北京大学出版社、高等教育出版社2014年版。

33. 程信和：《经济法新论——改革开放中的若干经济法律问题》，中山大学出版社1993年版。

34. 程信和：《经济法与政府经济管理》，广东高等教育出版社2000年版。

35. 程信和：《经济法通则立法专论》，濠江法律学社2019

年版。

36. 程信和、杨春林、蒲夫生：《投资基金法专论》，中共中央党校出版社2002年版。

37. 程信和、刘国臻、李挚萍、李正华：《房地产法知识》，中山大学出版社1994年版。

38. 程信和主编：《房地产法》，北京大学出版社1999年版。

39. 程信和主编、刘国臻副主编：《房地产法学》，人民法院出版社、中国人民公安大学出版社2003年版。

40. 程信和主编：《中国——东盟自由贸易区法律模式研究》，人民法院出版社2006年版。

41. 黎学玲、程信和主编：《市场经济运行的法律机制》，中山大学出版社1998年版。

42. 程信和主编：《粤港澳法律关系》，中山大学出版社2001年版。

43. 陈兆中、程信和主编：《改革开放的轨迹——广东省十年地方立法》，广东人民出版社1991年版。

44. 程信和、周林彬、慕亚平主编：《当代经济法研究》，人民法院出版社2003年版。

第三章
企业发展促进法论

考察经济法，必须着眼于它的微观聚焦点，从而见微知著。

基本论点之三：

揭示微观意义上的企业法，不愧为"小经济法"。

主要论据：

（1）顶层设计。

国有企业是社会主义国民经济的主导力量，集体企业、民营企业是重要力量。

中央早已确定，增强企业活力，是经济体制改革的中心环节。

（2）学理支撑。

在经济学上，微观经济是宏观经济的基础。

激发以企业为代表的各类市场主体活力，应成为经济法微观着力焦点所在。企业搞活了，国民经济才有希望。

（3）实践基础。

各种企业法（含公司法）涉及经济法的各个方面、各个环节，成为经济法的缩影。各种企业法的规定，都体现出"国民经济发展法"的基调。将企业法逐步展开，经济法的整体形象就会呈现出来。

一、企业的地位和活力

1. 企业在经济法中的基本主体地位

企业等市场主体提供商品、服务，满足民生需求，是国民经济的微观主体，因而也就成为经济法的基本主体。

作为经济法主体，企业应是权利主体和义务主体的统一体。要让它主动、积极，而不能陷于被动、消极。为此，我曾拜读以下几位学者的相关论述，或者同他们直接交换过意见。这几位是：杨紫烜、刘文华、刘瑞复、李昌麒、王全兴、应飞虎等教授。大家主张，应当让企业作为基本主体而大有作为。

企业不仅仅是经济单位，它还是社会公民。近日，我与吴晓晖、梁凌峰博士（曾从事或现从事国有企业管理工作）等讨论，大家认为，在新的形势下，根据公共利益的需要（比如防疫、救灾等），可以适当增强企业特别是国有企业的社会责任感，但这与增加企业额外负担完全不是一回事。

2. 增强企业活力是经济改革的中心环节，也是经济法的中心论题

1984年，中央通过《关于经济体制改革的决定》。这部被邓小平称为"马克思主义基本原理和中国社会主义实践相结合的政治经济学"的文献提出，经济体制改革以"增强企业活力"为中心环节。其后，所有改革文件都强调"激发各类市场主体活力"。企业有活力，经济才有希望。

促进企业发展的经济法，才是真正的经济法。反之，就不符合经济法的本意。对政府而言，对各类企业应当依法平等保护，支持企业更好地参与市场竞争和合作（请注意，不只竞争，更有合作）。对企业而言，应当把守法诚信作为安身立命之本，自觉接受政府有关部门依法实施的监督管理（请注意，强调自觉，并非"受体"）。企业走出去，更要注重经营管理合规问题，加强自我防护。

促进，多为顺推，也可倒逼。增强企业活力，并健全必要的约束机制，这两个方面的结合，反映了企业法亦即经济法的基本精神。《中小企业促进法》《循环经济促进法》《清洁生产促进法》《电影产业促进法》《农业机械化促进法》《乡村振兴促进法》等，是名正言顺的"促进法"；《反垄断法》《反不正当竞争法》《反洗钱法》《反外国制裁法》《企业破产法》等，从某种意义上说也是"促进法"。

经济法学界前辈都很关注企业、企业法，我也受到他们的启迪。1984年我在中大法律系担任经济法教研室主任时，即设计了"企业法学"，并首次讲授此课程。我曾研究过"企业的改革与改革的企业法"。刘文华老师鼓励说："信和教授的经济法理论体系始终把企业、企业法放在重要的地位。我认为，这是一个有关中国经济法的本质，甚至是有关其存续的关键之处。"①是的，真正搞通了企业法，也就基本上掌握了经济法。

二、企业发展促进法对经济法体系构成的影响

1. 企业法是经济法的缩影

"缩影"者，代表同一类特征的具体细微的事物。企业法是整个经济法的缩影，聚焦政府和市场的关系，最能反映经济法的面貌。在1993年出版的《经济法新论——改革开放中的若干经济法律问题》一书中，我提出过这个见解。2018年，在《新时代中国特色经济法学之新气派》一文中，我又重提"企业法是小经济法"。我觉得，企业经营涉及国民经济运行、治理、发展的全部问题。

中外均有学者将经济法的目光聚焦于企业法。比如法学泰斗潘念

---

① 刘文华：《把经济法事业推向前进》，载《经济法制论坛》2004年7月（总第5期），第112页。

之先生提出:"经济法是企业法(就其主体说),是经营经济法(就其职能说)。再说明白一点,就是以企业为主体的调整其经营管理活动的法律规范。"①

在外国,比如南斯拉夫实行企业自治,其经济法中企业法分量很重。

传统的法律概念、原理,不论是外国的还是中国的,凡合理的部分、适合现实需要的部分,都应接受,都可运用;反之,则要放弃,或者改造,并提出新的东西来。公司法,传统上属于商法范围,但现在的公司法中加入了若干公法规范。由于企业包括非公司制的和公司制的,因而企业法包括但不限于公司法。企业法(含公司法)跨越民法、经济法两大领域。从法律规范的性质来分析,关于企业的财产权、法人制度等内容属于民法,而中国的民事法律制度建设一直秉持"民商合一"的传统,把许多商事法律规范纳入民法之中。关于企业的登记、管理、社会责任和建立新型政商关系、政府促进保护企业发展、企业参与竞争合作等内容则属于经济法。须知,法律部门的划分只有相对性,"非此即彼"太过绝对化,一部单行法律含有几个法律部门因子的情形常见,唯有刑法的规范专一。

站在国民经济运行、治理的角度看,涉及市场运行、宏观经济治理、供求循环、收入分配、经济安全保障等诸多环节、事项的广义企业法,可称为"小经济法"。但不要产生误解,好像经济法还有大、小之分。

2. 从"企业发展促进法"到"国民经济发展法"

民商法意义上的企业法,是企业的组织和行为法;而经济法意义上的企业法,则是企业发展法,或称企业发展促进法。

为此,我先后写过《为有源头活水来——企业发展法初论》《经济法视野下的企业社会责任》等论文,从经济法的角度描述、论证企

---

① 潘念之编著:《中国经济法理论探索》,上海社会科学院出版社1987年版,第86页。

业法的世界，感觉到这一世界既平凡而又非凡。

并为此，我们与一家军转民的国有企业商定，在他们公司设立"经济法典实践基地"，一方面，推动《经济法典》研究编纂扎根实际；另一方面，推动"依法治企"实际工作更加深入——依法推动高质量发展，依法促进共同富裕，依法实现安全生产，依法履行社会责任。

经济法建设中一个敏感的问题是《全民所有制工业企业法》。从1978年12月邓小平在中央工作会议上提出"制定工厂法"，到1988年4月第七届全国人民代表大会第一次会议审议通过《全民所有制工业企业法》，历时10年。由于其后改革深化等因素，这部曾被称为"新中国成立以后关于工业企业的第一部大法"的经济法，至今仍处于既未修改又未废除，但没有收入官方现行法律文库且没有要求实际执行的状况。怎么处理，应当有个说法。当然，人们或许会注意到，1993年制定的《公司法》及其后的多次修改和2008年制定的《企业国有资产法》，事实上均采纳了前述《全民所有制工业企业法》的改革促进思维模式，但又做了很大的修正和推进。

2019年10月国务院发布《优化营商环境条例》，指出："本条例所称营商环境，是指企业等市场主体在市场经济活动中所涉及的体制机制性因素和条件。"《优化营商环境条例》由总则、市场主体保护、市场环境、政务服务、监管执法、法治保障等各章组成，融政府、市场、企业于一体，实际上是企业发展促进法，因而亦可称之为推动高质量发展的"小经济法"。当人们由微观考察转向宏观考察、由个体考察转向整体考察时，即将企业放在竞争、产业、科技、就业、物价、质量、税收、信贷、外贸、环保等发展要素之下，引申而言，国民经济发展法的完整体系就会呈现出来。

相关著述

1. 程信和：《为有源头活水来——企业发展法初论》，见谢进杰主编《中山大学法律评论》（第8卷第2辑），法律出版社2010年版。

2. 程信和：《经济法视野下的企业社会责任》，载《甘肃社会科学》2011年第2期。

3. 程信和：《论循环经济发展中的生产者责任》，载《中山大学学报》（社会科学版）2007年第4期。

4. 程信和：《经济法：企业发展之法宝》，载《商丘师范学院学报》2016年第1期。

5. 程信和：《社会主义企业家应有的法制观念》，载《经济与法》1987年第3期。

6. 端木正、程信和：《企业破产立法问题探索》，载《中山大学学报》（哲学社会科学版）1987年第1期。

7. 程信和、吴伟峰：《企业集团问题对现行经济法律的挑战与对策分析》，载《江西财经大学学报》2002年第2期。

8. 程信和、梁敏杰：《母子公司破产时债权人保护问题研究——兼论英美法与大陆法的融合》，见江平主编《比较法在中国》（第2卷），法律出版社2002年版。

9. 程信和、谭珊颖：《论我国经济行业组织的制度需求与立法回应》，见江平主编《比较法在中国》（第5卷），法律出版社2005年版。

10. 程信和主编：《企业法通论》，广东人民出版社1989年版。

第四章
经济法基本权利论

考察经济法,必须着眼于它的宏观聚焦点,从而纲举目张。

基本论点之四:

透析宏观意义上的国家经济发展权,应举为"当代经济法旗帜"。

主要论据:

(1)顶层设计。

"保障一切市场主体的平等法律地位和发展权利",已从政策层面走向法律层面。

中国宣告,坚定维护国家主权、安全、发展利益。

中国宣告,对外谈判不能以牺牲"中国发展权"为代价。

(2)学理支撑。

马克思主义原理和中国实际都表明,发展是解决中国一切问题的基础和关键。而发展的权利是国民经济发展法的精髓,基本权利更是如此。

完善政府宏观经济治理战略决策,应成为经济法宏观着力的焦点所在。高举国家经济发展权旗帜,国民经济才有希望。

（3）实践基础。

在中国，生存权、发展权已成为基本的、首要的人权。生存权为起点，发展权为高点，或顶点。

正是基于"独立自主"的民族精神坚持"中国发展权"，中国经济持续取得了飞速发展的成就，中国市场成功应对了来自国际、国内的风险。

一、经济发展权：经济法中的核心权利

1. 新型权利——经济发展权

法律是讲权利和义务的。经济法作为新兴的法律，必然产生新型的权利、义务。简单地将民法上的权利、行政法上的权利搬过来，或者只是替换几个字，并不符合经济法的本意。经济法的主体承接但又超越了民法、行政法的主体；与之相应，经济法主体的权利承接但又超越了民法主体、行政法主体的权利。这就是在国际上被称为新型的权利的发展权。而在国际文献当中，国家发展权被摆在突出的位置。这正是国际上各种势力较量的结果。

经济发展权，是指国家、企业和个人参与、从事经济建设，并能够享受这些发展所带来的经济利益的权利。生存权、发展权属于基本的、首要的人权——个体人权、集合人权。先生存，后发展；促发展，保民生。

经济发展权，是各类主体通有的基本权利。国家、企业、个人，既是发展权的权利主体，又是发展权的义务主体。

我在学习研究中发现：孙中山先生、毛泽东同志对"发展权"这一问题早有考虑。在中国还处于积贫积弱之时，孙中山第一个喊出"振兴中华"的口号。[①]他强调："发展之权，操之在我则存，操之在

---

① 孙中山：《兴中会章程》，见《孙中山选集》，人民出版社1981年版，第14页。

人则亡。"①

在探索建设社会主义道路时,毛泽东对当时农村人民公社的"生产权、分配权"发表过正确意见,要求"分配权"与"生产权"相适应。②他那时所称的"生产权",实质上就是"发展权"。

2003年,中央改革文件首次使用"发展权利"的概念:"保障所有市场主体的平等法律地位和发展权利。"③

改革开放以来,中国的政治文件、法律文件均旗帜鲜明地表示:坚定维护国家主权、安全、发展利益;中国对外谈判的大门一直敞开,但不能以损害中国发展权为代价。由此,经济法应当走向新的境界:掌握国家经济发展权,这是中国经济法的底线,是当代经济法的旗帜。

1998年,我在全国经济法理论研讨会(于湘潭)上提交关于经济发展权、分配权、安全权三位一体的论文,得到郑少华教授的认同和鼓励,他随后就把那篇稿子发表出去了。其后,李昌麒教授、张守文教授等表示大力支持。

如前所引,李昌麒教授将"发展、分配和安全"的理论视为"抓住了经济法存在的基础和发展的目标"。"基础""目标",这一提示非常到位。

张守文教授主张:"经济发展权是经济法主体享有的一类重要的综合性权利,其实现要以经济法主体各类基本权力和权利为基础,因而其位阶更高。"④"位阶更高"这4个字,表明经济法权利是可分层次的,经济发展权属基本层次,具体权利(如企业竞争权、市场监管

---

① 孙中山:《建国方略》,转引自程信和《新时代中国特色经济法学之新气派》,载《法治社会》2018年第1期,第212页。
② 毛泽东:《给中央常委的信》(1961年9月29日),见《毛泽东文集》(第八卷),人民出版社1999年版,第284页。
③ 见《中共中央关于完善社会主义市场经济体制若干问题的决定》(2003年10月14日十六届三中全会通过)。
④ 张守文:《经济发展权的经济法思考》,载《现代法学》2012年第2期,第4页。

权)属一般层次。

2. 经济发展权标示经济法本色

中国的城市改革,是从扩大企业自主权开始的,这个企业自主权实际上就是企业发展权。我曾在珠三角地区宣讲《企业国有资产法》,主持者(当地国资委负责人)说:"最赞赏您报告中的一个观点:企业应当享有发展权。"

从20世纪末开始,我们就一直倡导,经济发展权应当成为经济法的核心权利。对此,要力争形成最大共识。2007年3月,在美国举行的以"法律在经济发展中的作用"为主题的国际法律学术研讨会上,我立足经济发展权基调,以"论中国的水权配置制度"为题做了大会发言。遗憾的是,目前关于经济发展权的普遍讨论仍然缺乏。不过,年轻学者已开始关注这一问题,令人振奋。例如,曾晓昀副教授、邓伟博士等人对经济发展权的探索就很有起色。

如前所述,经济发展权包括国家、企业和个人经济发展权,其中,国家经济发展权举起了当代经济法的旗帜。发展的权利中也包含发展的义务,这些权利、义务既对内又涉外。根据联合国通过的《发展权利宣言》,国家对发展的权利和义务主要有:

——国家有权利和义务制定适当的国家发展政策。

——国家应采取步骤扫除发展的障碍。

——各国有义务创造有利于发展的国内和国际条件。

——各国有义务在确保发展、消除障碍方面相互合作。

——各国有义务单独地和集体地采取步骤,制定国际发展政策,以促进发展权利的充分实现。

——为促进发展中国家更迅速地发展,需要采取持久的行动。

按照联合国通过的《各国经济权利和义务宪章》,对于任何一个主权国家来说,发展权都是正当的、必需的。中国在国际舞台上发出正义之声:"发展是世界各国的权利,而不是少数国家的专利。"①2021年10月中国外交部发布的《中国联合国合作立场文件》中，亦提到"落实发展权"。

国家经济发展权代表和反映国民经济整体利益，而在社会主义制度下，国家利益和人民利益是一致的。

国强民富，国泰民安。我与曾晓昀副教授起草《经济法典》"总则"时，将主题确定为：《经济法典》"总则"如何设计当代经济法的整体形象，为国民经济高质量发展提供法律支撑。我们将"经济发展权"确认为《经济法典》中的核心权利。各级领导人员具体行使党的执政权和国家立法权、行政权、监察权、司法权时，都要切实保障人民的生存权和发展权。

3. 经济发展权与环境权的组合

发展权涉及经济、政治、社会、文化、环境诸方面。经济发展有赖于包括生态在内的其他条件的支持。实现经济发展权，不可避免地要联系到环境权。

21世纪初，由中外专家组成的国际人权法教程项目组提出如下教学活动建议："讨论发展权和环境权的关系。"②我与李挚萍、陈惠珍、曾晓昀等同仁先后讨论过"两权"关系这一相当前卫的法律问题。

多年前，我阅读李挚萍教授的著作《经济法的生态化》，应邀为之作序，称该书为"经济发展与生态环境相结合的法律开拓"。"经济法的生态化"这一表述很有创意。

陈惠珍的博士学位论文《中国碳排放权交易监管法律制度研究》，也把发展权和环境权联系起来。其后，我与陈惠珍讨论，对这二者的关系，觉得应将主题确定为"经济发展权与环境权如何组合"。我们认为，这确是时代性的法治命题，处于当代法学的前沿位

---

① 习近平：《加强政党合作 共谋人民幸福——在中国共产党与世界政党领导人峰会上的主旨讲话》（2021年7月6日），载《人民日报》2021年7月7日第2版。
② 国际人权法教程项目组：《国际人权法教程》（第一卷），中国政法大学出版社2002年版，第473页。

置。"组合"的前提是"定位"。"定位"指在法律上确定它们的地位和功能，"组合"则指在实践中综合发挥它们的作用。在分析经济发展权、环境权各自定位的基础上，我们对"两权组合"提出如下建议：一是将发展权（经济发展权）、环境权同时"入宪"，以加重宪法（经济宪法）的分量；二是在未来的《经济法典》中明晰经济发展权，同时吸纳环境权；三是在未来的《环境法典》中明晰环境权，同时推进经济发展权。对这一法学前沿，有待继续深入研究，特别是要将其转化为实际行动。

鉴于这一问题的重要性和特定性，我与曾晓昀商定，在《经济法典》"总则"中专门增设了"经济发展权与环境权的组合"的条文。

二、经济发展权、经济分配权、经济安全权三位一体

1. 围绕经济发展权的经济分配权、经济安全权

经济分配权，是指国家、企业和个人实际享受社会收入增长所带来的经济利益的权利。公平分配是实现全体人民共同富裕的基点。

经济安全权，是指国家、企业和个人维护整个社会的经济秩序稳定，控制危险（风险），以及维护公私财产安全的权利。经济安全是维护国家总体安全的基础。

与经济发展权一样，经济分配权和经济安全权也是各类主体通有的权利。

在国民经济运行中，围绕经济发展权这一核心，"三权"（指经济发展权、经济分配权、经济安全权）组成经济法的基本权利链，这样有助于确立作为新兴法律部门的经济法的现实基础，也有助于建立作为新兴法学学科的经济法学的理论基础。

2. 基本权利指引具体权利

与民法权利体系只有一个层次不同，经济法权利体系应由两个层

次构成。理由在于，民法调整平等主体之间的关系，而经济法调整的关系兼具基础性和管理性因素。

企业等市场主体的经营权、竞争权，政府经济管理主体的调控权、监管权，等等，这些都是基本权利之下的实操性权利。应当具体构建市场主体权利链、政府经济管理主体权利链。

处于位阶最高的经济法基本权利，则分别引领市场主体、引领国家经济管理主体在国民经济运行中的各项具体权利。

又要讲段历史了。中国人民大学书报资料中心《经济法学、劳动法学》2006年第5期"本期导读"指出："权利是法律的核心。作为一个独立的法律部门，经济法的基本权利范畴包括哪些？其相互关系又如何？对经济法的权利这一前沿问题的探讨，是否有助于经济法的基础研究工作的突破？本期法学频道《前沿探索》栏目特选（程信和所作）《经济法基本权利范畴论纲》一文。该文以初步构建经济法基本权利范畴为思路，对丰富和探索经济法基础理论研究进行了有益的探索，提出以发展权为核心，发展权、分配权、安全权三位一体的经济法基本权利范畴纲要。"可以看出，期刊编者把"经济法权利、基本权利"视为"法学前沿问题"。

人大复印资料转载我的"三权"论文之后，引起社会关注。2006年6月11日，应中国人民大学法学院时任院长王利明教授之邀，我在人大法学院做学术交流，题为"经济法基本权利——发展权、分配权、安全权"（相当于命题作文），由王利明院长主持。我提出，经济法权利是一个系统，可分为两个层次，基本权利统领具体权利。与会者互动，对"三个基本权利"的提法表示出很大的兴趣。

在会上，我特别强调：在经济法的制度设计中，如何明确设定国家的、集体的、个人的经济发展权，是关系到经济法生命力所在的重大问题，应当引起足够的重视（"生命力所在"这5个字，是后来根据周显志教授的建议加上的）。集中到一点就是：以国家经济发展权为旗帜，引领企业发展权、个人发展权。什么是"当代经济法"？高峰即在此处！我和张守文教授一致认为，经济发展权在新时代显得更加重要。"装点此关山，今朝更好看。"

行文至此，兹作《经济法之歌》[①]如下：

经济法之歌

经济法，绿精灵；
飘然到，盛世迎。（背景）

异军起，号新兴；
基本力，铿锵声。（地位）

谁之事，为苍生；
何以治，在均衡。（实质）

先宏构，格局明；
又微理，标尺清。（内容）

析矛盾，化坚冰；
虚对实，纵带横。（方法）

促发展，重公平；
施约束，保安宁。（功能）

谋公益，赖实行；
市场化，政府能。（运作）

---

① 此为修改稿，2020年12月5日，于广东省法学会经济法学研究会学术年会上。

人为本，循环经；
跨传统，视野升。（特色）

研讨会，百家鸣；
入浩卷，集大成。（学术）

奋飞曲，最动听；
贯中外，奔前程！（前景）

"入浩卷，集大成"一句，这里不妨做个长注。

2003年，香港中国法制出版社创办《经济法制论坛》杂志（本人出任总编辑），邀请了12位顾问。这些顾问的"寄语"[①]如下：

芮沐——"讨论问题　反映实际"
端木正——"弘扬经济法制是适时之举"
王保树——"市场经济需要不断发展的经济法学"
刘文华——"经济法应与时俱进"
刘瑞复——"经济法之歌"
李昌麒——"经济法学要在创新中发展"
杨紫烜——"推进经济法制　做出历史贡献"
肖乾刚——"积极推动经济法实践功能的落实"
张士元——"广视野　新思维　高品位"
徐杰——"繁荣经济法学　完善经济法制"
盛杰民——"把握前沿动态　体现社会命脉"
漆多俊——"中国经济法：转变中的法律"

---

① 见《经济法制论坛》2004年7月（总第5期），第4—7页。

"奋飞曲，最动听"一句，这里也可做个长注。

2003年12月，我们将前两届博士生6人合并到一起举行论文答辩，我当天的"随记"（名字按照答辩顺序排列）如下：

> 李挚萍——开局良好，六通首平（萍）
> 杨小强——精彩报告，题小意强
> 蒲夫生——宛若夫子，如数家珍
> 杨春林——挥洒自如，满面春风
> 袁达松——文情练达，淡定如松
> 刘国臻——国策纵论，止于至善

曾晓昀看到《经济法重述》文稿本时，加了以下两段话。

2006年，李挚萍教授在一本专著"后记"中曾写过："博士论文的写作过程犹如一场艰苦的战斗，程老师为此倾注了大量的心血。论文开题就进行了三次，正文一共改了四稿，每一稿都有程老师的详细批注和评语，看到这些评注，我总是非常感动。程老师在2006年3月9日看完本书稿后，在上面写道：'李挚萍博士的专著（《环境法的新发展——管制与民主之互动》）比起博士论文，有了很大的进展，创意甚多，可读性强，期待早日问世。另有少许意见，不一定合适，仅供参考。'虽然我知道我的书稿仍然存在许多不足，但有了程老师的鼓励，我终于敢把书稿交出去了。"

李挚萍老师术业专攻、学识卓著，又十分谦虚，上面这段话反映了我们全体同学的深切感受。

相关著述

1. 程信和：《发展、公平、安全三位一体——经济法的基本范畴问题探析》，载《华东政法学院学报》1999年第1期；又见中国人民大学书报资料中心《经济法学、劳动法学》1999年第8期。

2. 程信和：《经济法基本权利范畴论纲》，载《甘肃社会科学》2006年第1期；又见中国人民大学书报资料中心《经济法学、劳动法学》2006年第5期。

3. 程信和：《经济法中主体权利设置的走向》，载《社会科学家》2014年第12期。

4. 程信和：《论中国的水权配置制度》，见史际春、袁达松主编《经济法学评论》2006年卷（第7卷），中国法制出版社2007年版。

5. 程信和、张双梅：《金融监管权法理研究》，载《江西社会科学》2009年第3期。

第二编
扩展论：经济法的视域延伸

> 无边落木萧萧下，不尽长江滚滚来。
>
> ——〔唐〕杜甫

何为"扩展"？扩展，表示事物的向外伸展。此处的"扩展论"，指经济法的视域延伸，包括非国家法规范（软法）的引入和相关外国法的比照（比较法）。

《周易》言："直内方外"（今借其句）。运用扩展论，旨在适应市场化、国际化的时代要求。如果说，第一编着重表述经济法的内涵，那么，这一编则要将经济法延伸。人们将会看到，当代经济法正在不断丰富其领域：对内，引入并未以法律形式表现的某些明规则；对外，连接世界上相关法的因素。

第五章

经济软法论

考察经济法，必须围绕规则形态，引入软规则穿透力。

基本论点之五：

提出"经济硬法＋经济软法"，组成实践意义上的经济法。

主要论据：

（1）顶层设计。

许多经济法律对应用经济政策、技术标准、行业规章、企业章程等，都做出了明确规定。

中央要求，发挥政策、法律各自优势，促进互联互动。

国家对市场主体行为范围，"非禁即入"。

（2）学理支撑。

制度经济学、制度法学认为，制度可分为正式的和非正式的，规则可分为官方的和民间的。

"硬法＋软法"，这一"统筹本国法"的新思维表明，经济法的完整载体，应适当跳出传统的国家制定法的圈子。

（3）实践基础。

经济政策、技术标准、行业规章、企业章程、政府清单等软法规则，每时每刻都在经济领域发生作用。比如消费政策、投资政策推动了供给侧、需求侧的改革和立法；又如《市场准入负面清单》（2020年版）优化了企业营商环境。

一、经济领域以硬法为主，引入软法，组成实践意义上的经济法

1. 客观存在的经济软法

市场经济，既是法治经济，又是信用经济。制度，可以分为正式的和非正式的。

过去没有听过"硬法""软法"。"软法"乍一听是个模糊概念，可人家道出了名堂。"软法"一词，相对于"硬法"而言；如将"硬法"指称国家法，那么"软法"则指称非国家法，但不是"非法"。

经济软法其实是一类客观现象，存在于市场经济大量活动中，存在于法律之外的许多规范性文件中，于是"经济软法"的概念出现了。其特点是出于相互信任，注重民主，公众参与度更高，针对性和可操作性更强。

经济软法的表现形式主要有：经济政策（这是最大量的）；行业规章、企业章程；技术标准；政府有关清单（如政府部门权力和责任清单、市场准入负面清单）。

还有，国际经济领域存在一系列非正式规范（如跨国公司行为守则之类）。

以上软法规则也存在不同的结构和体系、性质与功能，还须进行分门别类的分析研究。

2. 经济软法的引入

一类是公共治理式的引入。特别是在经济法律、法规中，关于经济政策、技术标准、负面清单和企业章程等的规定。如《企业国有

资产法》《外商投资法》。其中，2008年的《企业国有资产法》多次使用"法律、行政法规以及企业章程"的表述。2019年的《外商投资法》既使用了"与外商投资有关的法律、法规、规章"的概念，还使用了"与外商投资有关的规范性文件"的概念。哪些属于"有关的规范性文件"，该法中出现了"政策""负面清单""标准""章程"等表述。

一类是私人治理式的引入。特别是在大型企业、跨国公司中，以详尽的运行规则，形成严密的管理体系，相当于"内部立法"。这种"内部立法"还是管用的，只要不违反国家法律原则即可行得通。

中国早就有过这方面的经验。1960年，毛泽东同志代中央起草批示，将鞍钢实行的"两参一改三结合"的管理制度称作"鞍钢宪法"，要求在工业战线加以推广。用现在的话来说，这套"管理制度"就可称为"企业软法"。

将软法概念引入经济法中，我深受著名法学家罗豪才教授学术思想的影响。20世纪80年代初期，我毕业留校任经济法教研室教师，罗豪才教授当时是行政法教研室负责人，我们曾探讨过经济法与行政法既分工又合作的问题；其后，我们还有不少学术交往，包括参与他主持的软法研究活动。2015年10月，罗豪才教授在广州与我交谈时说："经济法里含有许多软法的东西。"[①]我感到，经济法学界中此类"准法"的现象值得深入研究。这不是赶时髦，而是务实际；也不是扩大地盘，而是实至名归。实践意义上的经济法，围绕但超出了"国家制定法"的圈子。

3. 经济软法转化为经济硬法

这里最重要的是经济政策的转化。

经济政策在经济软法中分量最大。西方国家是这样，社会主义国

---

① 罗豪才谈话，转引自程信和《硬法、软法的整合与经济法范式的革命》，载《政法学刊》2016年第3期，第6页。

家更是这样。

中国的做法是,发挥政策、法律各自的优势,促使它们互联互动。而且成熟的经济政策,应当逐步提升为法律。比如农村改革,往往先出政策,而后总结实践经验,制定为相应的法律。中国经济法在很大程度上是经济政策的法治化。

也有立法跟不上政策的情况,可以一边实施政策,一边研究如何提升。特别是构建新发展格局,需要将中共中央、国务院发布的关于促进消费、区域发展等政策举措以法律形式确定下来。现有的政策依据有:2018年9月中共中央、国务院发布的《关于完善促进消费体制机制 进一步激发居民消费潜力的若干意见》,2018年11月18日中共中央、国务院提出的《关于建立更加有效的区域协调发展新机制的意见》。据此,我们在《经济法典》(学者建议稿)中设计了消费法律制度、区域发展法律制度二章。

在经济政策的法治化转换过程中,某些政策表述需要改为"法言法语",不可完全照搬文件表述,因涉及执行效力问题。

政策转换之后,这种软法就移到硬法位置上了。其他软法的转换,情况亦如是。

4. 经济硬法与经济软法的组合

我曾发表过题为《硬法、软法与经济法》的论文,认为一般范式应当以硬带软、以软补硬,组成实践意义上的经济法。

十几年前,邓小梅的博士学位论文定题为《论经济领域的软法之治》。我们进行过多番讨论,认为由经济硬法与经济软法整合,形成二元一体的经济法治系统,是实现经济善治的必然要求和必由之路。经济软法与经济硬法的协同治理,可以从企业自治、政府经济管理、经济司法仲裁几个方面展开。软法配合硬法,软法补充硬法,最后软法融入硬法,两种治理手段良性互动、发挥合力。

在编纂《经济法通则》《经济法典》过程中,我们将"经济软法"的内容编入了"总则"部分,"分则"部分亦有涉及。有些同仁也提出了同样的建议。

光在书斋里出不了真正的理论。法学专家不应拘泥于法律条文，而要到工厂、农村、政府经济管理机关去学习、调查、实践，将"书本上的法"变为"生活中的法"，能够解决实际问题才是"真功夫"。

二、经济软法的规范化安排

1. 坚持正面要求

主要是，经济软法要合乎规范，有理有据；要有权威性，言出威随；要紧密衔接，形成协调力。此为"三要"。

有些地方、有些单位，法律之外的"红头文件"仍嫌太多，其中形式主义的东西不少，有待清理。经济硬法应当少而精，以管用、够用为尺度。虽然现在法律规定很多，但关键在于崇信、熟悉和落实。对于经济软法，则要科学界定、严格限定，也不是多多益善。

2. 防止负面现象

主要是，不要让软法泛化，没有规格；不要虚化，没有权威；不要边缘化，好像可有可无。此为"三不要"。

"上有政策，下有对策"，那个"对策"不是软法，而是违法。

考察法律问题，包括软法机制，不仅要运用正向思维，还要运用逆向思维。

我曾多次向罗豪才老师请教，他对我关于经济软法"三要三不要"的归纳意见甚表赞同。

可以相信，硬法要"硬"，软法不"软"；硬法、软法的整合，势必引起经济法范式的革命。我于2016年发表《硬法、软法的整合与经济法范式的革命》一文，对此做过阐述。"革命"一词原特指政治，现泛指重大革新。人类不断超越自我，即是革命。经济法（学）既要开创，也要革新。如同经济体制改革是社会主义的第二次革命。革命没有尽头，发展仍在路上，我们需要不懈努力。

相关著述

1. 程信和：《硬法、软法与经济法》，载《甘肃社会科学》2007年第4期；又见中国人民大学书报资料中心《经济法学、劳动法学》2007年第11期。

2. 程信和：《软法真谛论纲——主要以经济领域为视角》，见郑琼现《中山大学法律评论》（第7卷），法律出版社2009年版。

3. 程信和：《硬法、软法的整合与经济法范式的革命》，载《政法学刊》2016年第3期。

4. 程信和、谢小弓：《区域合作中经济软法的运行》，见石佑启等主编《区域合作与软法研究》，广东教育出版社2011年版。

第六章
比较经济法论

考察经济法,必须坚持胸怀天下,拓宽国际视野。

基本论点之六:

  主张开辟比较经济法新境界:从推进中华民族伟大复兴的经济发展宪章到推动构建人类命运共同体的经济治理范本。

主要论据:

(1)顶层设计。

  对外开放已成为中国的基本国策。

  中国倡议推动构建人类命运共同体,并已入宪。

  统筹国内法治和涉外法治。

  "中国式现代化"道路,立足于更好地发展自身,并造福世界。

(2)学理支撑。

  比较法属于学理概念,这一"影响本国法"的传统法学学科和方法(对多数人来讲为方法,对少数人来讲为学科),应在经济法领域打开新局面。

(3)实践基础。

  当今世界是开放的社会,互联网更是把整个地球村联结起来。

  已有的法治成果,如中国的许多经济法律,都是既立足本国实际而又汲取世界法治文明。

未来的法治事项，如中国参与制定、缔结新的国际经济条约、协定，都要借助比较法。

一、经济法在世界范围内的出现

1. 无论是否采用"经济法"这个名称，经济法手段在当代各国都在使用

"经济法"一词，学理上首先见之于法国学者的著作，法律上首先见之于德国立法用语。

英美国家，它们属于判例法体系，但成文法也很多，美国的反垄断法、税法、外贸法就很突出。至于成文法体系的国家，比如德国、日本、韩国、新加坡，单行的经济法律相当丰富。因此，考察经济法，不只看名称，更要看实际。

至今，仍有人认为，美国、英国没有经济法，中国也不用搞经济法，有民法、行政法就可以了。美国、英国真的没有经济法吗？那是法律、法学用语上的事，并非法律形态的实际情况。美国法学教育设立了所谓"国际经济法"，包括中国留学生在内的外国青年学者在那进修，其实讲授的主要就是美国的经济法。假如对中国自己的经济法不屑一顾，这是否尊重历史？在总结党的百年奋斗重大成就和历史经验之际，经济法作为中国特色社会主义法律体系的组成部分，深受国家重视。①

2. 资本主义经济法与社会主义经济法的历史轨迹：殊途而归

各国经济法都是社会生产力亦即商品经济发展到一定阶段的必然

---

① 王晨：《坚持全面依法治国　法治中国建设迈出坚实步伐》，载《人民日报》2021年11月23日第6版。

产物。

形象地说,如果西方经济法(以美国、西欧为代表)是从"右"往"左"走,那么东方经济法(以中国为代表)则是从"左"往"右"走。它们走到中间,即政府、市场两者结合处,经济法达到预定目标。这当然只是理想的设计,实际运作并不这么简单。

二、比较经济法的含义

1. 比较经济法即不同国家(区域)经济法之比较

端木正教授(时任中大法律系主任)、黎学玲教授等对开设"比较经济法"课程给予了大力支持。为给研究生开设"比较经济法"必修课程,我于1991年写了《论比较经济法在中国的创立和应用》等论文,对此进行了初步探讨。1991年6月15日,前辈凌相权教授(武汉大学)应中山大学学报编辑部的约请,函复:"作者(程信和)对比较经济法理论在我国的创立及应用这一新课题所作的开拓性研究成果是值得赞许的。"说实话,"开拓性"这一评价过高,我只是开了个头而已。比较经济法研究任务繁重,应当持续进行。

从词义上看,比较法不是指某一个国家(区域)的法律形态本身,而是进行法律比较。严格地说,应称为比较法研究,或者比较法学。比较经济法亦如是。

因而,比较经济法的基本特征是,从比较的角度剖析不同国家(区域)的经济法律制度,分析其异同点,发现其规律性,以达到借鉴经验、参与竞争、开展合作并应对不同法域规则冲突的目的。

区域经济一体化的"欧盟法",就是比较经济法的一个产物和代表。

世界贸易组织(WTO)规则,也是比较经济法的一个产物和代表。

由是,经济法与国际法、国际经济法有交织点,应该结合进行研究。

2. 共性：国家（政府）对经济（市场）的影响

各国经济法的共性在于：国家（政府）因素对国民经济生活的影响，包括宏观上的调控和微观上的规制，可以是直接的，也有些是间接的。

如前所述，由于国家（政府）既是政治力量，又有经济力量，因此，"由国家有意识地来调节市场秩序"，成为现代各国通用的手段。这类手段，不仅对内，而且涉外。

3. 个性：不同国情，不同安排

各国国情不一，基础不一，体制不一，文化不一，国民经济发展及其法治的模式各有做法。世界上没有统一的发展模式，但既然都是在搞市场经济，又处于同一个地球村，可以相互比较、借鉴，取长补短。

必须注意，经济法是具有社会性的。比如美国国会参议院2021年6月9日通过的《2021美国创新和竞争法》（这也算美国的"经济法"），奉行霸凌主义、干预他国内政、阻碍发展中国家前进，暴露长臂管辖恶法色彩，受到中国和其他发展中国家的批评和反对。2021年6月10日，中国出台《反外国制裁法》，则是维护国家主权、安全、发展利益的正义之举。

三、开展中外经济法比较的意义

1. 一般意义

古云：知己知彼。今日：兼顾国内法治和涉外法治。开展中外经济法比较研究，可以更好地认识外国、认识世界，更深地认识自己，从而有助于借鉴经验，有助于参与竞争、开展合作。

中国倡议共建"一带一路"，就要借助经济法比较研究。"一带一路"沿线各国的相关制度、体制、政策、法律以至风俗习惯等，都要去了解、分析，以利包容、互适。

2. 特别意义

特别意义有二：

一是社体资用，中西合璧。一般的经济法比较注重借鉴效果，不必顾虑社会制度差异。而开展中外经济法比较研究的最高目标，是充分发挥中国特色社会主义制度的优越性：比、学、赶、超。设想中的《中华人民共和国经济法典》，应当被打造为世界上最好的经济法制度。

二是"一国两制"，融入大局。保持香港、澳门长期繁荣稳定，促进香港、澳门融入国家发展大局，也要运用到比较法、比较经济法。我曾给研究生开设过"香港、澳门基本法""香港、澳门经济法律制度"课程。2019年，我向"第九届《粤澳合作框架协议》与澳门特区法律问题前瞻研讨会"提交的《粤港澳大湾区合作发展中的法律协调问题》一文，也运用了比较法的研究思维。"一国两制"框架下的比较法研究，有助于避免和解决区际法律冲突，协调处理中国内地（大陆）与香港、澳门及台湾地区的经济贸易关系。

粤港澳大湾区在国家发展大局中具有重要战略地位。习近平同志提出："大湾区是在一个国家、两种制度、三个关税区、三种货币的条件下建设的，国际上没有先例。要大胆闯，大胆试，开出一条新路来。"[①]2021年9月，中共中央、国务院印发《横琴粤澳深度合作区建设总体方案》《全面深化前海深港现代服务业合作区改革开放方案》，这两个方案为粤港澳大湾区建设注入了强大动力，并要求配以有力的法治保障。对横琴，还明确提出"研究制定合作区条例，为合作区长远发展提供制度保障"。经济法、比较法，又要大展身手了。

---

① 习近平：《在融入国家发展大局中实现香港、澳门更好发展》（2018年11月12日），见《习近平谈治国理政》（第三卷），外文出版社2020年版，第400页。

3. 特殊意义

前面的"特别"指不普通,这里的"特殊"指不同类。

某些国家奉行不符合国际法准则的霸权主义,对中国和其他发展中国家实行所谓的经济制裁。他们的"法"具有双重标准。

中国和其他发展中国家坚持联合国的基本准则,维护自己国家的主权、安全、发展利益,实施必需的、相应的反外国经济制裁举措。此时,比较法、比较经济法要发挥维护公道、反对霸权的作用。可见,经济法也是国际斗争中不可或缺的武器。

四、经济法的延伸:从"一国经济法"到"世界经济法"

1. 构建人类命运共同体的美好愿望

从一国对外开放,到区域经济一体化、经济全球化;从一国与他国的经济社会共同体,到人类与自然的生命共同体,再到虚拟空间的网络共同体——"人类命运共同体"这一合时而又务实的概念正在逐步形成。人们盼着:"太平世界,环球同此凉热。"

虽然在人类命运共同体的旗号下,处理经济交往事务不必强调制度区分,但不同国家之间的利益差异及其立场有别却是无法回避的。可以预见,其间必然充满博弈,需要反复协调。毕竟"当今世界正面临百年未有之大变局,国与国的竞争日益激烈,归根结底是国家制度的竞争"[①]。

2. 构建人类命运共同体的法律支撑(经济治理范本)

在人类命运共同体内,利益共生,权利共享,责任共担。但履行国际义务,对发达国家和对发展中国家还是应有所差别的。利益、权利、责任的连结点,是各国法律、国际协定和当事者协议(合同)。

---

① 习近平:《论坚持全面依法治国》,中央文献出版社2020年版,第265页。

我们应以联合国体系内现有国际法准则为基础，构建人类命运共同体经济发展法治范本。

我注意到，中外均有著名法学家提出"世界经济法（学）"的命题或议题。

德国学者沃尔夫冈·费肯杰的设计别出心裁，他把《经济法》分为三篇：第一篇，世界经济法；第二篇，欧洲经济法；第三篇，德国经济法。[①]费肯杰在其著作中提出了几个命题：以"世界经济法"取代"国际的经济法"；分析"德国经济法与世界经济法、欧共体的经济法的关系"。

2021年5月9日，我在致函费肯杰《经济法》的中文译者、学贯中西的张世明教授时说到，刘文华先生提出过创建"世界经济法学"的主张。张教授复函，赞其师刘先生"世界经济法学"这一主张"非常睿智"。

除了张世明教授以外，我还与袁达松、唐晓晴等同仁先后交流过关于构建世界经济法学的问题。

毛泽东同志曾说过"改造我们的学习"。我与张世明教授经探讨达成如下共识：经济法学要改造、要改进，以解决"两张皮"的问题。一是经济法学总论与分论不甚协调，总论统领不了分论，分论不能内在地体现总论。这就要求扎根中国实践，拿出基本的东西，来树立经济法的整体形象。二是中国经济法学与外国经济法学缺乏沟通，共性没有说清，个性没有列明。对国际与国外经济法方面的情况，我们了解不多、认识不够。其实，在当今世界，中国的发展也深受国际环境影响。这就要求进行不同国家、不同制度的经济法的比较、协调、衔接，统筹国内法治和涉外法治，知己知彼，建立融本国经济法、外国经济法和国际经济法于一体的世界经济法学，以适应中国改

---

① ［德］沃尔夫冈·费肯杰：《经济法》（第一卷），张世明等译，中国民主法制出版社2010年版；《经济法》（第二卷），张世明译，中国民主法制出版社2010年版。

革开放和全球经济治理的新格局、新需要。刘文华教授多次说过,经济法是具有规律性的,完整的经济法学科可由两家合为一家,但不能以西方经济法的个性代表、代替所有经济法的共性。

唐晓晴教授的研究涉及中外民商经济法治领域;袁达松教授发表过多篇关于世界经济法问题的论文。唐、袁二位多次与我讨论关于世界经济法学的研究问题,我们一致认为,这一课题事关中国参与全球治理、中国对人类的贡献、中国在国际上的话语权、中国借助对外开放动力促进自身发展,视域广阔,意义深远。我们还在粤港澳大湾区做过调查,政府部门、企业界、法律服务机构对组织力量开展世界经济法研究均表示支持。

在当代,世界经济法学的使命是什么?就是要"胸怀天下",以世界眼光关注人类前途,为构建人类命运共同体、推动世界经济发展、促进国际社会进步提供法理指导和规制支撑。作为准国际公共产品,世界经济法学的涉及面,一为中国与外部世界的关系,即坚持和平发展道路,实施对外开放,从物质技术型开放到规则管理型开放,从"引进来"到"走出去",特别是创新、完善"一带一路"国际经贸规则,不断增强中国参与国际经济合作和竞争新优势。二为各国之间的关系,即揭示经济法在世界范围内出现的普遍规律,分析各国经济法制度中权利、义务、责任的特定性,探求各国经济法制度中开放、竞争、包容的同向性,以共同遵循的国际规则为基础达到完善全球经济治理、各国获得经济共享的崇高目标。在此过程中,要加深认知不同法治文明的差异、独特性,努力推动不同法治文明的交流、互鉴。这样,经济法学、比较经济法学、国际经济法学等几个学科相关的知识将融为一体,此即所谓"世界经济法学"。这项创造性的法学事业,当代学者"责无旁贷"(袁达松语),应当做得"有声有色"(唐晓晴语)。我们坚信,只要站在历史正确的一边、人类进步的一边,定能科学回答时代之问。

3. 中国智慧、中国方案、中国贡献

值此世界经历百年未有大变局之际，一方面，我们要办好本国自己的事情；另一方面，要关注国际环境，参与"天下为公"大业。

中国在强调做好自己的事情的同时，倡议"推动构建人类命运共同体"，并于2018年将此加入《宪法》"序言"部分。这在全世界是首举。把"实现中华民族伟大复兴"和"推动构建人类命运共同体"同时"入宪"，意义深远，责任重大。

中国提出构建人类命运共同体的目标——共同建设持久和平、普遍安全、共同繁荣、开放包容、清洁美丽的世界。

中国倡议构建人类命运共同体的理念——大力弘扬和平、发展、公平、正义、民主、自由的全人类共同价值。

中国积极参与区域经济治理，例如中国与东盟十国建立自由贸易区；中国与东盟十国及日本、韩国、澳大利亚、新西兰共同签署《区域全面经济伙伴关系协定》（RCEP）。中国已正式申请加入《全面与进步跨太平洋伙伴关系协定》（CPTPP），加入《数字经济伙伴关系协定》（DEPA）。中国与许多国家相继建立了战略合作伙伴关系，但坚持不结盟外交政策。

中国积极参与全球经济治理，并力争制定国际经济规则的话语权。中国推进本国法域外适用的法律体系建设，为"一带一路"建设、为中国涉外执法司法活动提供法律依据。对某些国家不公道的做法，中国把"法治应对"摆在更加突出的位置，以规则为基础说话、行事。总之，中国统筹推进国内法治和涉外法治，掌握主动权。

根据"始终做世界和平的建设者、全球发展的贡献者、国际秩序的维护者、公共产品的提供者"的自我定位，我们正在打造的中国经济法未来的最高表现形式——《中华人民共和国经济法典》，不仅可以给中国发展亦即民族复兴提供经济发展宪章，而且可为世界发展亦即构建人类命运共同体提供经济治理范本。这不是"输出"，而是"共享"。诚然，人类命运共同体经济宪章必须共商共建，反复磋

商,方能达成最大的共识,实现共赢发展。

在此顺便提出法学界的一个认识:21世纪,中国可以为人类法治文明建设做许多贡献,而最大的贡献也许就在经济法领域,即《中华人民共和国经济法典》,因它可以获得"国际领先地位"。须知,目前在世界范围内,它还是空白的。1964年的《捷克斯洛伐克社会主义共和国经济法典》,对"综合调整"国民经济关系进行了尝试,但其毕竟产生于计划经济背景之下,而且随着苏联解体、东欧剧变,这一《经济法典》自然退出历史舞台。中国《民法典》在时间上已不可能"领先",因全世界已有100多部民法典,这是历史形成的结果,但中国《民法典》突出体现了社会主义制度的优越性和中国国情。中国《民法典》的创新性、民族性、现代性,加上中国《经济法典》的原创性、实用性、领先性,将成为富有时代精神的世界法律精品组合。

最后还须说明,"扩展论"这一部分,"经济软法引入"仍是指法的本身,即统筹本国的法;而"比较经济法研究"则是通过对不同国家或地区相关法的比较研究来影响本国的法。一个"统筹本国法",一个"影响本国法",就此意义上称之为"经济法的视域延伸",不亦名正言顺乎?

天净沙·感事

(2010年,一丁)

风风雨雨寒寒,
村村处处环环。
草草花花点点。
真真幻幻,
寻寻觅觅千千。

相关著述

1. 程信和：《比较经济法在中国实践中的应用》，载《高等学校文科学报文摘》1991年第6期；原文见《论比较经济法在中国的创立和应用》，载《中山大学学报》（社会科学版）1991年第3期；又见中国人民大学书报资料中心《经济法》1991年第5期。

2. 程信和：《经济法新论——改革开放中的若干经济法律问题》，中山大学出版社1993年版。

3. 黎学玲、程信和：《市场经济运行的法律机制》，中山大学出版社1998年版。

4. 程信和：《经济法研究的一个新视角：比较经济法》，见杨紫烜主编《经济法研究》（第1卷），北京大学出版社2000年版。

5. 程信和、梁廷婷：《中外经济法比较的现实意义》，载《广东法学》1989年第4期；又见中国人民大学书报资料中心《经济法》1989年第6期。

6. 程信和、李正华：《比较法在经济立法中的应用和发展》，见沈宗灵、王晨光编《比较法学的新动向——国际比较法学会议论文集》，北京大学出版社1993年版。

7. 程信和、刘国臻：《比较法在日本经济法发展中的作用及对中国的启示》，载《法学评论》1999年第2期；又见中国人民大学书报资料中心《经济法学、劳动法学》1999年第7期。

8. 程信和：《中日经济法比较论纲》，见程信和、周林彬、慕亚平主编《当代经济法研究》，人民法院出版社2003年版。

9. 程信和、赵湘英：《产品责任法比较研究》，载《中山大学学报》（社会科学版）1999年第6期。

10. 程信和：《孔雀东南飞，风景这边好——中国—东盟自由贸易区的经济联系及法律基础述评》，载《经济法制论坛》2004年第3期；又见中国人民大学书报资料中心《海外贸易》2004年第7期。

11. 程信和、张永忠：《论中国—东盟自由贸易区法律模式的构建——一种比较法的研究》，载《环球法律评论》2005年第6期。

12. 程信和、刘渆：《中国与东盟货物贸易关系的法律协调——比较法新走向之考量》，载《比较法研究》2006年第3期；又见中国人民大学书报资料中心《国际法学》2006年第9期。

13. 程信和、越琦娴：《服务贸易自由化：中国与东盟国家的法律博弈》，载《南方经济》2005年第8期。

14. 程信和、黄尔逢：《投资自由化：中国与东盟国家的法律博弈和法律协调》，见广东省法学会编《岭南法学研究》，广东人民出版社2006年版。

15. 程信和：《中国加入WTO有关法律问题研究》，载《南方经济》2000年第1期。

16. 程信和：《WTO规则与中国市场经济法制——比较经济法研究的当务之急》，见程信和、周林彬、慕亚平主编《当代经济法研究》，人民法院出版社2003年版。

17. 程信和：《香港、澳门两部基本法的比较和实施问题》，见《当代经济法研究》，人民法院出版社2003年版。

18. 程信和：《粤港澳经济交往中的法律协调问题》，见程信和、周林彬、慕亚平主编《当代经济法研究》，人民法院出版社2003年版。

19. 程信和：《内地与香港自由贸易的关系式制度安排——

评CEPA》，载《经济法制论坛》2003年第2期；又见中国人民大学书报资料中心《海外贸易》2004年第6期。

20. 程信和：《第九届"〈粤澳合作框架协议〉与澳门特区法律问题前瞻"研讨会开幕式致辞》（2019年12月2日），载澳门法学研究生协会《澳门法学研究》2019年第18期。

21. 程信和：《粤港澳大湾区合作发展中的法律协调问题》，载澳门法学研究生协会《澳门法学研究》2019年第18期。

第三编
系统论：经济法的集成迸发

黄河落天走东海，万里写入胸怀间。

——〔唐〕李白

何为"系统"？系统，表示事物的组成结构。此处的"系统论"，指经济法的集成迸发，包括积极构建经济法的最高表现形式——《中华人民共和国经济法典》和综合解决经济领域实务问题的法治操作方式。

古有赞：集大成也。运用系统论，旨在保障国民经济沿着法治轨道运行，形成推动高质量发展的制度合力。人们将会看到，当代经济法正在向着系统化、现代化迈进。

第七章
经济法集成化论

考察经济法，必须顺应历史大势，集定型化体系之功。

基本论点之七：
> 主张设计融经济和法律于一体的经济法最高表现形式，将其屹立为《中华人民共和国经济法典》。它不仅要成为推进中华民族伟大复兴的经济发展宪章，而且可作为构建人类命运共同体的经济治理范本。

主要论据：

（1）顶层设计。

　　中央提出：对某一领域有多部法律的，条件成熟时进行法典编纂。

（2）学理支撑。

　　按照现代集成管理理论，法典化以同类规范为统一载体，但还要有配套的、相关的单行法律法规，这样适当分工、形成合力。此为规范集成的必然趋势。

　　创造中国一流、世界领先的法律形态，设计具有特色而又填补空白的《经济法典》责无旁贷。

（3）实践基础。

　　《民法典》的编纂，开启了先河，提供了启迪。

　　单行经济法律的数量，在国家现行有效法律中所占比重最大，约为三分之一。

经济法律的局部整合，如一部《外商投资法》整合了原三部外商投资企业法，一部《企业所得税法》整合了原内、外企业所得税法，都是成功的、收到实效的。

一、《经济法通则》：经济法集成化之过渡形式

1. 开始探索建立比较完备的经济法立法体系

曾担任原国务院经济法规研究中心（原国务院法制办公室的前身）总干事的顾明同志说，"1979年经济法的'旋风'把我卷进了法制工作的战线"，"从此与经济法结下了不解之缘"。[①]顾明同志在国家计划委员会（今国家发展和改革委员会）担任常务副主任时，该委设立了经济条法局。经组织安排，我有幸于1980—1982年参与该局经济立法工作，每周去3天。据我所知，顾明同志积极推动加快经济立法，力争建立比较完备的经济法律法规体系。他很早就考虑到经济法的系统化问题。

1985年冬，杨紫烜教授率先提出制定《中华人民共和国经济法纲要》（以下简称《经济法纲要》），可称其为"提出中国经济法集成化构想第一人"[②]。随后，原国务院经济法规研究中心召集专家学者，设计出《经济法纲要》（起草大纲）。刘文华、徐杰、李昌麒和周升涛等众多学者积极响应，出谋献策。

其间，许多中青年学者，包括七人小组（程信和、王全兴、张守文、单飞跃、陈乃新、孔德周、何文龙）等都热情参与其事。

2001年，杨紫烜教授指出：关于《经济法纲要》结构的总体框架，程信和、王全兴、陈乃新、何文龙4位学者于2000年8月提出的主

---

① 顾明：《经济法文集》，群众出版社1988年版，序言第1页。
② 杨紫烜：《关于制定〈中华人民共和国经济法纲要〉的建议》，载《法制建设》1986年第1期。

张基本合理，但尚可做某些补充、修改。杨教授认为，在吸取程信和等学者研究成果的基础上，对《经济法纲要》的总体框架可以考虑做如下安排。

第一章：总则；
第二章：关于经济制度的一般规定；
第三章：经济法律关系主体；
第四章：市场管理制度；
第五章：宏观调控制度；
第六章：社会保障制度；
第七章：涉外经济的特别规定；
第八章：法律责任；
第九章：附则。

直到2015年，杨教授还在深思苦虑《经济法纲要》问题。他坚守一个信念：中国的经济法学要走在世界前列。

为推动发展，经济法学界曾酝酿编写"中国经济法发展绿皮书"，并于2001年7月15—16日在太原召开专题研讨会，杨紫烜、李昌麒、肖乾刚、张士元等前辈和部分中青年学者出席。本人受命做了"关于经济法发展绿皮书问题讨论"的总结发言。学者们谈到这份材料要具备先进性、现实性、同一性和学术性；谈到要继续进行《经济法纲要》的拟订；谈到《宏观调控法》的起草；等等。大家建议，应以明年（2002年）将要正式成立的中国法学会经济法学研究会的名义，向立法机关、向社会推出"经济法发展绿皮书"。可惜，因故未能遂愿。

时间不等人啊！到了2018年，即总结改革开放40周年成就和经验之际，鉴于《经济法纲要》起草工作没有落地，又有学者倡议制定《经济法通则》，老、中、青三代学者都发动起来了。

2. 首部《经济法通则》（学者建议稿）的尝试及其影响

在中国法学会经济法学研究会的指导下，在张守文会长、杨德敏（江西财经大学法学院）、杨松（辽宁大学法学院）和全国经济法学界同仁的支持和帮助下，在黄瑶（中山大学法学院）的支持和鼓励下，历经半载，数易其稿，首部《经济法通则》（学者建议稿）（300条）于2019年1月正式发表（出版）。①

从2018年夏到2019年夏，在《经济法通则》（学者建议稿）酝酿起草和几次全国性、地方性对未定稿和已发表稿的研讨会过程中，许多老、中、青学者，除上述几位之外，刘文华、李昌麒两位前辈和吴志攀、朱崇实、徐孟洲、王莉萍、王全兴、时建中、卢代富、顾功耘、冯果、王先林、李友根、肖江平、强力、韩松、邱本、叶姗、熊玉梅、孔德周、闫翠翠、刘红臻、刘凯、徐发明等，都给予了宝贵的指导和有力的支持。

刘文华老师评述道："这部《经济法通则》（学者建议稿），总体感觉很好。基本指导思想正确，内容全面、翔实，准确反映了中国经济法和经济法学的历史发展脉络和成就，体现了党和国家关于改革开放、经济建设和经济法治的精神，坚持了学界的正确共识，并且实际上推动着理论纠偏。"②他还强调了"实践的成就"和"理论的共识"。

李昌麒老师对这部《经济法通则》（学者建议稿）的设计，亦予以肯定。他认为，"整个构思都很不错"（2019年5月2日函），"令人欣慰的是，现在已经有了可观的基础和良好的开端"（2019年7月30日函）。

广东省法学会负责人姜滨（时任专职副会长兼秘书长）曾赋诗称"《经济法通则》信和版"（2019年）。"信和版"不敢当，这份稿

---

① 程信和：《经济法通则原论》，载《地方立法研究》2019年第1期。
② 刘文华：《关于"经济法通则"立法的基本考察》，见程信和《经济法通则立法专论》，濠江法律学社2019年版，第140页。

子还是依靠全国同仁（包括广东团队）大力协助方得以完成的。

2019年11月17日，在中国法学会经济法学研究会学术年会（于广州）上，我做了"构建经济法制度整体框架及其话语体系——《经济法通则》之命运"的大会发言。我提出四点意见：一是使命，要不要前进；二是条件，是不是可行；三是能力，敢不敢突破；四是信心，能不能成功。随后，邢会强教授自告奋勇，做了"坚定支持经济法统合立法"的大会发言，这种责任担当和理论锐气受到张守文教授等师长的赞扬。

作为这部《经济法通则》（学者建议稿）的起草者，我深深感受到全国经济法学术团队的使命感、创造力和进取精神。这是国家的事业，集体的贡献。中国的经济法学史，不愧为一部同心奋斗史、不懈奋飞史。

3.《经济法通则》百家谈

众人拾柴火焰高。按照李昌麒前辈"广泛发动、造成声势"的提示，2019年夏秋，我、王全兴、袁达松、张永忠、曾晓昀发起、组织编辑《经济关切　立法先声——制定〈经济法通则〉百家谈》（以下简称《百家谈》）。没有想到，至9月30日，在短短3个月，全国老、中、青与谈者超过200人，包括法理学、民法、行政法、社会法、刑法、法史、经济学界的学者。其中，80岁以上的"经济法十老"刘文华、徐杰、李昌麒、刘隆亨、漆多俊、肖乾刚、张士元、黎学玲、种明钊、贾俊玲（刘文华、徐杰、种明钊三位前辈现已仙逝），对制定《经济法通则》都明确表示积极支持，并提出宝贵的指导意见。

《百家谈》文稿，序言、特稿之后，分为两编六章。以下是这200多位专家学者的"经济法心迹"，值得在"经济法集成化研究史志"上大书特书。

（序　一）张守文：将经济法建设推向前进

（序　二）朱崇实：我们正在前进——积极推动利国利民的

《经济法通则》立法工程

（序　三）杨　松：新时代经济法治之宝典——《经济法通则》的逻辑自洽、理论自信和制度自成

（特稿一）芮　沐：论经济法的整体观念

（特稿二）杨紫烜：论《经济法纲要》的制定

（特稿三）刘文华：将制定《经济法通则》的伟大事业进行到底——2019年8月24日"《经济法通则》立法问题南京研讨会"书面发言

（特稿四）李昌麒：守望星空——社会上对制定《经济法通则》的强烈呼声

（特稿五）吴志攀：经济法学人的初心和使命

（特稿六）王家福：民法、经济法比翼齐飞

上　编：立法担当论

第一章　《经济法通则》推进的先导性

1. 冯　果（武汉大学）：制定《经济法通则》是实现经济法立法体系化的重要途径
2. 闫翠翠（中共中央党校）：经济法发展迈出了历史性的一步
3. 薛克鹏（中国政法大学）：经济法"法典化"的实质性贡献
4. 陈文椿（中共广东省委党校）：《经济法通则》的基础性、综合性和统领性作用
5. 吕明瑜（郑州大学）：经济法信仰
6. 席月民（中国社会科学院法学研究所）：经济法学界的重要共识

7. 杨德敏（江西财经大学）：中国经济领域统合立法的历史性一步

8. 郭金良（辽宁大学）：中国经济领域统合立法的集体行动

9. 董玉明（山西大学）：《经济法通则》研究的历史、现实和未来

10. 黄茂钦（西南政法大学）：着力推动《经济法通则》的制定

11. 张士元（北方工业大学）：支持制定《经济法通则》的壮举

12. 蒋悟真（华南理工大学）：一齐发力，推动发展

13. 曾东红（中山大学）：制定《经济法通则》的时代意义

14. 刘水林（上海财经大学）：经济法学人的社会责任

15. 韩　松（西北政法大学，《法律科学》杂志）：迈出了历史性的一步

16. 冯宪芬（西安交通大学）：经济法学成熟的标志

17. 王　妍（黑龙江大学）：制定《经济法通则》的时机和条件已经成熟

18. 贾俊玲（北京大学）：希望《经济法通则》立法工作尽早提上国家议事日程

19. 徐　杰（中国政法大学）：把制定《经济法通则》的大事做成功

20. 孟庆瑜（河北大学）：致《经济法通则》立法

21. 盛杰民（北京大学）：修成正果

22. 刘剑文（北京大学，辽宁大学）：历史会铭记

23. 汤文平（暨南大学法学院）：不朽伟业的光辉序曲

24. 姜明安（北京大学）：学术先行　相互协调

25. 赵万一（西南政法大学）：波澜壮阔的中国经济法发

展史

26. 管　斌（华中科技大学）：法治中国建设的典型姿势

27. 匡爱民（中央民族大学）：新时代制定《经济法通则》的紧迫性

28. 陈　妮（法律出版社）：经济法"法典化"的落地

29. 邓小梅（浙江浙商产融控股有限公司）：《经济法通则》的原创

30. 岳彩申（西南政法大学）：制定《经济法通则》是完善社会主义市场经济体制的需要

第二章　《经济法通则》推进的开放性

31. 徐孟洲（中国人民大学）：新时代立法体系中最突出的特色

32. 刘　凯（华南理工大学）：制定《经济法通则》势在必行

33. 陈　兵（南开大学）：新时代中国特色市场经济的规范和指引

34. 张　红（日本国立冈山大学）：《经济法通则》要突出"经济发展权"

35. 王斐民（北方工业大学）：制定具有时代意义和统领性质的《经济法通则》

36. 陈婉玲（华东政法大学）：经济法理念

37. 黎江虹（中南财经政法大学）：本土化色彩

38. 孙　颖（中国政法大学）：秉持开放与创新的格局

39. 刘继峰（中国政法大学）：更上一层楼

40. 丛中笑（华南师范大学）：经济法规制"公因式"

41. 张继承（华南理工大学）：可以直接编纂《经济法典》

42. 王艳林（中国计量大学）：经济法学界最大的共识

43. 胡光志（重庆大学）：当为《经济法通则》的孕育与诞生鼓与呼

44. 王玉辉（郑州大学）：以解决中国经济问题为核心

45. 邓敏贞（华南师范大学）：经济法（学）发展的原动力

46. 石佑启（广东外语外贸大学）：以良法促善治

47. 张　瀚（华南理工大学）：《经济法通则》的历史意义

48. 程宝山（郑州大学）：时代的呼唤

49. 盛学军（西南政法大学）：启动里程碑式的工程

50. 姜　滨（广东省法学会）：统领完善新时代经济法律体系

51. 陈红彦（华南理工大学）：向世界表达

52. 李　平（四川大学）：探索经济法体系化的有益尝试

53. 刘迎霜（华东师范大学）：论《经济法通则》制定的必要性

54. 黄泷一（广东财经大学）：经济法律制度的统合

55. 秦　政（锦天城律师事务所）：时代的回应

56. 吕　万（中山大学，《地方立法研究》杂志）：凝聚共识真知

57. 胡改蓉（华东政法大学）：努力推进

58. 张敏发（广东司法警官职业学院）：经济领域法律支撑的成熟化、定型化和体系化

59. 王红一（中山大学）：几代经济法学人孜孜以求的梦想

60. 张永忠（华南师范大学）：中国经济法学人的自信

第三章　《经济法通则》推进的持续性

61. 王全兴（上海财经大学）：经济法事业薪火相传

62. 于海涌（中山大学）：坚实的基础与重要的起点

63. 刘光华（兰州大学）：经济法学人系统化反思与总结

64. 邢会强（中央财经大学）：经济法学理论成熟的标志

65. 许多奇（复旦大学）：坚冰已经打破 航道正在开通

66. 孔德周（首都师范大学）：《经济法通则》：形势所迫，时不我待

67. 叶卫平（深圳大学）：经济法"法典化"过程中的重要贡献

68. 郭宗杰（暨南大学）：《经济法通则》的中国特色与世界意义

69. 黄　勇（对外经济贸易大学）：信念与执着

70. 龙著华（广东外语外贸大学）：同心、同力、同行

71. 柴振国（河北经贸大学）：经济法学人的梦想

72. 杨　兴（广东金融学院）：市场化、法治化的融合

73. 李东方（中国政法大学）："形神"皆具的《经济法通则》

74. 薛建兰（山西财经大学）：经济法自身发展的必然趋势

75. 张双梅（华南师范大学）：初心可鉴，使命如是

76. 鲁　篱（西南财经大学）：现在就要开始行动

77. 张富强（华南理工大学）：最终应作为一部《经济法典》降临于世

78. 种明钊（西南政法大学）：一定支持

79. 彭飞荣（中国计量大学）：而今迈步从头越

80. 胡　明（华南理工大学）：经济法学共同体的担当

81. 盖贝宁（辽宁大学）：问题与主义

82. 郑鹏程（湖南大学）：激情与理性并举

83. 郑尚元（清华大学）：认真对待，提升层次

84. 钟慧莹（广东省机械技师学院）：历史上最好的春天

85. 莫旻丹（西南政法大学）：众志成城

86. 金福海（烟台大学）：走向新高度

87. 陈　颀（《地方立法研究》杂志）：未来的里程碑

88. 郑人玮（中央财经大学）：蓬勃的生命力

89. 陈惠珍（中山大学）：根本共识，最大期许

90. 许永盛（北京大成律师事务所）：运筹全局的把控力

91. 刘丹冰（西北大学）：《经济法通则》顺应了时代呼声

92. 刘进军（贵州财经大学）：市场法治下《经济法通则》立法刻不容缓

93. 江玉荣（合肥学院）：仰望星空、脚踏大地

94. 李天甲（北京粉笔天下教育科技有限公司）："国民经济基本法"迈出了实质性的第一步

95. 黄　河（陕西省法学会经济法学研究会）：与时俱进的新思考、新设计

96. 时建中（中国政法大学）：关于推进《经济法通则》

97. 马跃进（山西财经大学）：以《经济法通则》推进国家治理现代化

98. 姚海放（中国人民大学）：也谈《经济法通则》的制定

99. 仲　春（暨南大学）：推动发展

下　编：立法未来论

第四章　《经济法通则》立法的方向性

1. 卢代富（西南政法大学）：破浪扬帆、策马扬鞭

2. 刘兆兴（中国社会科学院法学研究所）：比较法意义上的成立

3. 卢炯星（厦门大学）：将经济法定位为"国民经济发展法"

4. 李伯侨（暨南大学）：利在当代、功在千秋

5. 漆多俊（中南大学，武汉大学）：大力支持

6. 肖乾刚（郑州大学）：期待成功

7. 应飞虎（广州大学）：制定《经济法通则》正当其时

8. 颜运秋（广东财经大学，中南大学）：中国法学的创新成果

9. 甘　强（西南政法大学）：中国经济法形态的集中表现

10. 唐晓晴（澳门大学）：经济法学的科学精神

11. 刘隆亨（北京联合大学）：经济法整体的构成

12. 单飞跃（上海财经大学）：在中国制定《经济法通则》的特殊意义

13. 曹凤岐（北京大学）：从经济学到经济法

14. 刘国臻（华南理工大学）：经济整合立法的基本标尺

15. 郑少华（上海财经大学）：着眼经济法的后续发展

16. 陈云良（广东外语外贸大学）：志存高远

17. 张占江（上海财经大学）：破解困境

18. 韦华腾（中共广东省委党校，广东行政职业学院）：广东不同历史时期都会产生新的思想

19. 黎学玲（中山大学）：积极支持

20. 叶　姗（北京大学）：具有学科里程碑意义的共同事业

21. 刘红臻（吉林大学）：光辉事业中的华彩一笔

22. 谢进杰（中山大学，《地方立法研究》杂志）：一跑就是十公里

23. 李胜利（安徽大学）：中国经济法学界的新探索

24. 朱义坤（暨南大学）：中国经济高质量增长之法

25. 董晓佳（中国知网）：市场经济与法治经济

26. 李月涛（中国水利电力物资华南有限公司）：从中国走向世界

27. 吴 弘（华东政法大学）：基座与导航

28. 彭真军（广东财经大学）：关于经济领域统合立法载体的思考

29. 方 剑（广东涉外投资法律学会，中山大学）：经济法中的"软法"机制

30. 程信和（中山大学）：阅尽人间春色

第五章 《经济法通则》立法的整体性

31. 王先林（上海交通大学）：经济法应当形成真正统一、内在协调的制度体系

32. 田圣斌（江汉大学）：经济法立言

33. 张继恒（江西科技师范大学）：以经济法律关系理论为基础

34. 刘长兴（华南理工大学）：认识经济法学的整体性框架

35. 郑晓珊（暨南大学）：提升经济法律资源整体效益的重要之举

36. 吴国平（广东金融学院）：建设法治经济

37. 周林彬（中山大学）：新时代中国经济法完善的必由之路

38. 聂立泽（中山大学）：刑、经两法合理衔接，共建和谐经济秩序

39. 陈 昶（上海市工商业联合会）：国民经济发展之法治大旗

40. 谢 琳（中山大学）：一般性与类型化

41. 张长龙（广东金融学院）：经济法治与金融法治

42. 侯玲玲（深圳大学）：弥补经济立法的短板

43. 赵琦娴（广州金鹏律师事务所）：国民经济治理中政

府、市场与社会的边界

  44. 古小东（广东外语外贸大学）：改革开放攻坚期的制度完善

  45. 姚保松（郑州大学）：为《经济法通则》的制定而奋斗

  46. 詹国旗（广东金融学院）：制度设计的再出发

  47. 许　英（肇庆学院）：市场经济法治化之基本遵循

  48. 江德平（广东行政职业学院）：从"通识"到"通则"

  49. 欧阳平平（复旦大学）：顺势而为

  50. 谭珊颖（加拿大Wilson Vukelich LLP律师事务所）：助力中国经济立法的市场化、现代化、国际化

  51. 李长健（中南财经政法大学）：《经济法通则》之基本结构和主要内容

  52. 闫　海（辽宁大学）：我国市场经济法治发展"质的飞跃"

  53. 谢丹元（香江集团）："社会本位原则"的运用

  54. 杨树忍（中山大学）：经济法的焕然一新

  55. 沈　庆（北京盈科律师事务所）：向复合思维的转变

  56. 周智坚（广东通信服务公司）：法律的针对性

  57. 黎昭权（北京师范大学）：长城远眺到长江

  58. 赵家琪（广州商学院）：经济法之建树

  59. 付志刚（广东金融学院）："经济法"与"国际法"

  60. 曾晓昀（广东技术师范大学）：整体经济法论

  第六章　《经济法通则》立法的学理性

  61. 顾功耘（华东政法大学）：经济领域没有"基本法"是不可思议的

  62. 强　力（西北政法大学）：君子务本

63. 陈乃新（湘潭大学）：解决发展不平衡不充分的问题

64. 喻　玲（江西财经大学）：法律的适用性

65. 李挚萍（中山大学）：中国特色的深入思考

66. 许光耀（南开大学）：必要性与现实性

67. 曹锦秋（辽宁大学）：基础理论的完善

68. 邱金用（中共广东省委党校）：偶然与必然

69. 曾宇航（广州市经济法学会）：经济领域统合立法的创新范本

70. 段秋关（西北大学）：立足《经济法通则》作为经济领域的基本法的定位

71. 熊玉梅（江西财经大学）：新中国经济法史变迁的宝贵资料

72. 徐发明（广东广之洲律师事务所）：法务实践的思考

73. 陈廷辉（西南政法大学）：建设和谐的市场经济秩序

74. 王宇松（安徽师范大学）：经济法教学的探索

75. 谢小弓（广东省政府发展研究中心）：《经济法通则》考察的角度

76. 孙　晋（武汉大学）：市场回应型经济法

77. 王文珍（中国劳动和社会保障科学研究院）：庞大的工程、艰巨的任务

78. 焦艳鹏（天津大学）：经济法的价值与逻辑

79. 刘　琦（北京大学）：开放性、同质性与现代性

80. 殷　洁（上海对外经贸大学）：经济法已成为独立的部门法

81. 方赛迎（暨南大学）：围绕"国民经济发展"这一主线

82. 李　蕊（中国政法大学）：着眼于实质正义

83. 王怀勇（西南政法大学）：统合性设计

84. 郭天武（中山大学）：现实、鲜活的司法实践呼唤《经

济法通则》尽早出台

85. 曾筱清（中央财经大学）：为世界传递中国方案

86. 徐士英（华东政法大学）：经济法的本质、目标和重心

87. 赵红梅（中国政法大学）：经济法作为公私交叉融合法

88. 赵　康（广东省民办教育协会）：有望实现的伟大梦想

89. 陶广峰（南京财经大学）：本土资源（经验）和全球视野

90. 万安中（广东司法警官职业学院）：新时代经济法学发展之总纲

91. 义海忠（西北政法大学）：制定统一的《经济法典》是立法之必须

92. 李健男（暨南大学）：经济法的灵魂和逻辑

93. 王莹莹（西北政法大学）：善良与公正的艺术

94. 马俊军（中共广东省委党校）：为新时代持续优化营商环境提供法治保障

95. 周联合（广东省社会科学院）：《经济法通则》的中国气派

96. 袁达松（北京师范大学）：经济法在法的实现上的奠基性工程

97. 王　波（西安财经大学）：《经济法通则》"未来已来"

画龙还待点睛。厦门大学原校长朱崇实教授（曾任中国法学会经济法学研究会副会长，现为顾问）说："经济法具有自己独立的调整对象和调整手段。积极参与到经济法统合立法这一国家大事、百年伟业中来，内心充满了激动，历史责任感油然而生。"（2019年8月15日）全国人大代表杨松教授说："我们有理由相信，经济法学人锲而不舍的努力，必将提供中国新时代经济法治宝典。"（2019年8月20

日）朱校长、杨代表关于"伟业""宝典"的话语代表了我们大家的心声。经济法学界人心所向，众志成城，让全社会看到了经济法学界的团结、底气和信心。

二、《经济法典》：经济法集成化之最高表现形式

1. "法典化组合"的历史大势

搞法律，就要讲科学。规范、制度的集成化、法典化，是对社会活动的经验总结，具有普遍规律性。比如，军事政策制度改革就要求"推进法规制度建设集成化、军事法规法典化"[①]。经济开发开放亦是如此。2020年11月12日，习近平同志发表重要讲话："加强系统集成，激活高质量发展新动力。"[②]通过学习，我们认识到，经济法的集成化，即定型化、系统化。定型化标志着成熟，系统化标志着合力。这一经济法集成化的行动应该提上工作议程。

经济法集成化也有它的历史。2020年12月7日，吴志攀教授（中国法学会经济法学研究会首任会长）曾致函于我："制定反映新兴经济法发展规律、适应社会主义现代化建设需要的经济领域基本法，是自芮沐先生开启的、几代经济法学人的初心和使命。"信哉此言！

我查阅了自己的学习笔记。1980年1月8日，芮先生同我谈：现在还不可能搞出经济法典或者学术体系；将来是要做的，至少可以搞成学术部门。1982年6月22日，芮先生又同我谈：现在如搞经济法典，条件还不成熟；等到将来经济立法多了，可对各个相关法律进行整理，衔接起来。我理解，这实际上反映了他对经济法作为一个整体的法律部门和一门独立的法学学科的思考。我们现在所要做的，就是把芮老

---

① 习近平：《建立健全中国特色社会主义军事政策制度体系》（2018年11月13日），见《习近平谈治国理政》（第三卷），外文出版社2020年版，第389页。

② 习近平：《在浦东开发开放30周年庆祝大会上的讲话》（2020年11月12日），载《人民日报》2020年11月13日第2版。

当初所说的贯彻下去。

关于经济法的法典化问题，我曾先后问道于经济法学界中历任全国人大代表杨紫烜、黄河、杨松，也大致了解到"问题所在"——条件、共识等。2019年8月26日，黄河教授致函于我，说道："从我2012年提交《中华人民共和国经济法》（人大代表建议稿）至今，又过去7年。这7年，尤其是党的十八大以来，我国格局发生了巨大的变化。现时再议制定'经济基本法'，必定会有与时俱进的新思考、新设计。"

"回顾人类文明史，编纂法典是具有重要标志意义的法治建设工程，是一个国家、一个民族走向繁荣昌盛的象征和标志。"[①]2020年5月28日《民法典》合成，开创了新中国法典式立法的先河。其后，中共中央发出的《法治中国建设规划（2020—2025年）》提出："对某一领域有多部法律的，条件成熟时进行法典编纂。"经济法学界深受鼓舞和启迪。我和曾晓昀对现行经济法律进行整理，列出了一份清单（见本书"结语"之后所附），这些可以成为制定《经济法典》的基础文件。

2020年6月17日，以民法研究为主，同时研究经济法的于海涌教授致函："程老师，能否将《经济法通则》（学者建议稿）进一步提升成为《经济法典（草案）》？"于海涌教授是第一个向我提议由《经济法通则》向《经济法典》推进的人，富有远见卓识。尔后，汤文平、卢炯星、黄茂钦等多位同仁亦有附议。

同年9月4日，我与汤文平、郑晓珊二位少俊交流经济法"一总五分"的想法。他们表示："听了程老师关于经济法'一总五分'的设计意见，我们觉得很有道理、很有创新。我们支持就这样做下去。"

其后，我又征求其他学者的意见。其中，黄茂钦教授函复："关

---

① 王晨：《关于〈中华人民共和国民法典（草案）〉的说明——2020年5月22日在第十三届全国人民代表大会第三次会议上》。

于《经济法提纲》中'五个板块'的构想,我的感觉,是符合经济法回应经济现实这一法律运行规律的。"(2020年11月30日)

2020年12月7日,时令大雪,李昌麒先生致函于我,称:"今日大雪,欣闻经济法学界兴起讨论《经济法典》问题,喜而赋词《风雪行》,与诸位同仁共勉之。其词云:'经济法典,志存高远。治理协同,宏微并展。福祉为民,堪称必选。大雪何妨,诸君共勉。励精图治,力促实现!'""志存高远""力促实现",是期待,也是号角。

2021年2月23日,徐孟洲教授表示:"对于编纂《经济法典》,我是促进派!"

同年2月24日,卢炯星教授呼应:"我也是制定《经济法典》的促进派!"

同年4月1日,薛克鹏教授放声:"火种已播,只等风起云涌,即可燎原四野。一定要努力推动经济法的法典化。"

制定《经济法典》的又一位坚定促进派孔德周教授断言:"从《经济法通则》到《经济法典》设计,作者就法律调整国民经济关系的重大问题做出较为到位的处理,现有工作奠定了良好的基础。"(2021年8月函)

从2020年秋冬到2021年春夏,在法学名编辑李国清、韩静和陈云良、刘长兴教授等的指导支持下,我、曾晓昀合作撰写并连续发表了"经济法集成化三论",亦即"经济法典三论"。[①]一是"导论"(或"引论"),阐述经济法集成化之历史大势;二是"总则论";三是"分则论"。"经济法典三论"发表之后,引起不少同仁的关注。2021年9月3日,于海涌教授写出《为中国的〈经济法典〉呐喊——读程信和、曾晓昀经济法典系列论文有感》一文。对国民经济

---

① 程信和、曾晓昀:经济法集成化三论——《经济法典:经济法集成化之历史大势》,载《政法学刊》2021年第1期;《经济法典"总则"论》,载《法治社会》2021年第2期;《经济法典"分则"论》,载《法治社会》2021年第3期。

基本法，有这"三论"垫底，尔后我们将继续开发。

以张永忠教授为会长的经济法学广东团队，对制定《经济法典》工程，做出了积极的集体努力。在经济界（企业界）、法律服务界和法学界工作的同志，比如应飞虎、蒋悟真、陈云良、刘长兴、陈文椿、韦华腾、李伯侨、彭真军、刘国臻、李挚萍、杨小强、于海涌、郭宗杰、汤文平、丛中笑、张雅萍、刘汉霞、郑晓珊、张双梅、邓敏贞、周智坚、罗伟洲、杨明、黄志威、陈丕升、王煌、黎国贵、曾晓昀、陈惠珍、邓伟等积极参与，一致主张发扬广东"敢为天下先"的传统，实现智慧集成、力量整合，总结改革开放成功经验，形成《经济法典》广东团队方案，并通过实践基地，推进经济治理现代化、企业治理现代化。

2. 推动《经济法典》纳入立法进程的几次集体行动

经济立法是国家行为，《经济法典》的编纂必须由集体来完成。即使是学者代拟稿，也要依靠集体智慧。为此，我们开展了多次合作行动。

第一次，南北交流。

"九州生气恃风雷。"2020年12月2日，在北京师范大学法学院大讲堂，我应邀做了"《经济法典》总体框架初构"的学术讲座，会议由北京师范大学袁达松教授主持，北京大学叶姗、首都师范大学孔德周等教授和司法部刘华春、中国知网董晓佳等博士点评、与谈。与会者对制定《经济法典》提出了有益的建议，包括总则的思路、分则的板块设计比较。

第二次，清远交流。

经济法研究要接地气。2020年12月5日，广东省法学会经济法学研究会学术年会在广东清远召开，本人受托，代表袁达松、张永忠、曾晓昀、陈惠珍学者，做了"奋力推进经济法之集成化"的联合发言，推出《经济法典》"一总五分"的总体框架。到会的学者李伯侨、彭真军、应飞虎、龙著华等教授和从事实务的地方政法工作者热烈互动、积极响应。

第三次，金桥交流。

经济法整合立法可先从"总则"做起。2021年4月24日，广东省法学会经济法学研究会假座广东金桥律师事务所，召开"《经济法典》'总则编'立法研讨会"，印发了我和曾晓昀提供的"总则"条目。于海涌教授发言说："程信和老师等提出《经济法典》'一总五分'的立法设计，逻辑周密，结构严谨，自成体系，具有鲜明的原创性。"彭真军教授发言说："程老师关于经济法'一总五分'的整体结构，真正是与时俱进的。"张双梅副教授发言说："成功了是贡献，在路上也是贡献。我赞同邓伟博士所说，这份《经济法典》'总则'，用来给研究生作教材，都很实用。"韦华腾教授则是从"思想性上"发表高见，他说："广东有敢为天下先的传统，也是出思想的地方，改革开放以来更有创新。从起草《经济法通则》到推进《经济法典》，闪烁着经济法思想的火花，体现了责任担当和求是精神。"包括律师在内的与会者，对若干具体条文的设计提出了建设性的意见。

第四次，东西交流。

东风劲，西风烈。2021年10月2日，广东省法学会经济法学研究会和山西省法学会经济法学研究会部分成员，利用假期，在广州举办了庆祝国庆暨推动《经济法典》进程座谈会。会议由山西的董玉明会长和广东的张永忠会长联合主持，并达成"东西联合"的初步意向。

我受托做了"勇于担当 同向发力"的总结发言，主要内容如下：

> 今天座谈会的主题是，如何深入领会党在新时代的创新理论，扎实推进经济法的集成化进程。集成化，即定型化、系统化。定型，意味着成熟；系统，意味着合力。
>
> 刚才，董玉明会长（山西）、张永忠会长（广东）、彭真军常务副会长（广东）、汤文平副会长（广东）和刘汉霞、丁西泠、王煌、王权典、杨兴、曾晓昀、熊杰、王文斌等来自理论

和实务部门的各位专家学者的发言，都讲得非常之到位，妙语迭出，落地成金。没有美酒，胜似美酒。

心有灵犀一点通。作为一位年过古稀的退休老人，我听了备受教育、深感鼓舞。

3个小时的座谈会，大家满怀激情，畅所欲言，交流了实际的问题，取得了高度的共识，包括：

——以马克思主义指导法律和法学，跳出原有法学的框框，从中国国情和实际出发，同时注意借鉴国外经济法治有益成果。

——正确认知中国经济法生成发展的历史轨迹。

——准确把握经济法支撑国民经济高质量发展、促进共同富裕、保障经济安全等方面的功能定位。

——着力于"有效市场和有为政府更好结合"，在法治轨道上提高国民经济治理现代化的总体效率。

——着眼于"统筹推进国内法治和涉外法治"，建立经济法的整体形象。

——将中国《经济法典》设计为世界上最好的经济法制度，既作为推进中华民族伟大复兴的经济发展宪章，又为推动构建人类命运共同体提供经济治理范本。

本人虽年迈力衰，学习不够，但同大家的想法是一致的，我很赞同：

东西联手、同向发力，与时俱进、积极组织，研究编纂践行习近平新时代中国特色社会主义思想的《经济法典》。

这一高品位的事业，这一高难度的工程，值得去做，并且应该做出成绩来。须知：

——从时间上看，它是领先之作；

——从过程上看，它是原创之作；

——从内容上看，它是指南之作；

——从体例上看，它是系统之作；

——从智慧上看，它是集体之作；

——从影响上看，它将是传世之作。

何乐而不为？奋力而为之。

跟着党旗走！为祖国争光，对人民负责！

这次广州座谈会活动的消息传出之后，得到全国许多老、中、青同仁的鼓励和支持。李昌麒教授（中国经济法学卓越的开创者之一）致函："一万年太久，只争朝夕。"杨松教授（全国人大代表）致函："我们确实需要共同推进。"徐孟洲教授（中国法学会经济法学研究会监事长）等，对推进《经济法典》立法均表示赞同，并表示要"勇于担当，有始有终"。

这是时代的号角，这是民众的呼声！

作为"东西交流"的延续，2021年12月4日，广东、山西两省法学会经济法学研究会联合召开了2021年学术年会，采取线上、线下相结合的方式。我在会上做了"向人民'献玉'——中国式现代化道路上的'经济法之卷'"的主题发言，表达了"热烈的愿望：制度领先，追求卓越；热切的呼吁：组织起来，同向前行；热血的方案：先总后分，合而为一"。

3. 制定《经济法典》的必要性论证

我们认为，经济法负有其他法律部门无法替代的历史使命，必须发挥特别功能；经济法现存的不确定性难以满足经济治理现代化要求，必须按系统思维加以谋划；为维护国家主权、安全、发展利益的迫切需要，必须兼顾国内法治和涉外法治；推动构建人类命运共同体，必须借助经济法集成化贡献中国智慧和力量。

必须特别注意到，一个时代有一个时代的问题。习近平同志指出："面对历史大潮，如何才能为世界经济发展把握正确方向？如何才能为国际社会找到有效治理思路？"①每个国家都可以有自己的发展模式，但以规则为基础加强全球经济治理则是实现共同发展、安全发展的必要前提。作为负责任的大国，中国正在为国际社会探索经济治理的有效思路。这种理性选择，也就是我们研究编纂《经济法典》的初衷之一。

4. 制定《经济法典》的可行性考量

我们认为，中国特色社会主义理论探索的科学道路，为经济法集成化提供了正确指导；中国市场经济法治化形成的浩大阵势，为经济法集成化提供了基本素材；中国经济法研究的阶段成果，为经济法集成化开辟了初步途径；未来中国特色社会主义法律体系"法典化组合"的趋势，为经济法集成化增添了强大动力。

苏联法学界曾讨论制定苏联《经济法典》，但最终没有成功，原因很复杂。②中国法学界现时讨论制定中国《经济法典》，所处的社会背景、经济环境、制度条件、法律基础、人文氛围与当时的苏联大不一样。外国没有做的，我们可以去做；外国没有做成的，我们可以做成。此时，我不禁想起党的十九大报告中的两句极其鼓舞人心的断语："解决了许多长期想解决而没有解决的难题，办成了许多过去想办而没有办成的大事。"我感到，制定中国的《经济法典》，也应该这样。

1919年，26岁的毛泽东振臂高呼："天下者，我们的天下；国家者，我们的国家；社会者，我们的社会。我们不说，谁说？我们不干，谁干？"一百年之后，我们不是更应该发扬这种"以天下为己任"的革命情怀吗？此时我们深感，更需要创造，更需要合作，更需要坚持。

中国经济法的集成化，从《经济法通则》到《经济法典》，既是

---

① 习近平：《为国际社会找到有效经济治理思路》（2018年11月17日），见《习近平谈治国理政》（第三卷），外文出版社2020年版，第456页。
② 《苏联科学院哲学和法学部、经济学部讨论苏联经济法典草案》，吴任摘译，载《法学译丛》1986年第2期，第72-75页。

偶然的,又是必然的。说它偶然,是指面对挑战,低调推出,抛砖引玉;说它必然,是指面临机遇,恰逢其时,千帆竞发。经济法规范容量大,价值高,需求强。规律使然,不可拒也。

三、《经济法典》"一总五分"整体设计

我和曾晓昀合作,并征求了广东乃至全国部分同仁的意见,设计出《经济法典》"一总五分"整体架构。

1. 总则部分

拟设6章。

第一编　总则(6章)

第一章　基本规定

第二章　国民经济治理现代化制度基础(或制度体系)

第三章　经济法主体

第四章　经济法权利

第五章　经济法行为

第六章　经济法责任

2. 分则部分

拟分5个板块,设29章。

第二编　市场运行

(分则之一,6章,参见图2-1)

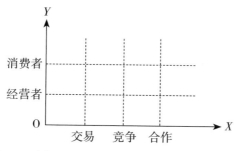

图2-1　市场运行法律制度板块图:微观导向功能

第一分编

第一章 市场基础法律制度

第二章 市场交易及其监管法律制度

第三章 市场竞争及其监管法律制度

第四章 市场合作及其监管法律制度

第二分编

第五章 企业等市场主体发展法律制度

第六章 消费者权益保护法律制度

第三编 宏观经济治理

（分则之二，11章，参见图2-2）

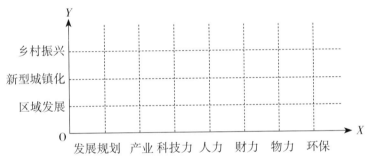

图2-2 宏观经济治理法律制度板块图：战略决策功能

第一分编

第一章 国民经济和社会发展规划（计划）法律制度

第二章 产业发展法律制度

第三章 科技创新法律制度

第四章 数字经济法律制度

第五章 财政法律制度

第六章 税收法律制度

第七章 货币金融法律制度

第八章 国有资产资源管理利用法律制度

第二分编

第九章 区域发展法律制度

第十章 新型城镇化法律制度

第十一章 乡村振兴法律制度

第四编 供求循环

（分则之三，4章，参见图2-3）

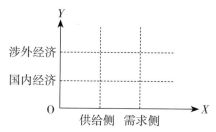

图2-3 供求循环法律制度板块图：动态平衡功能

第一分编

第一章 加快构建以国内大循环为主体、国内国际双循环相互促进的新发展格局

第二分编

第二章 消费法律制度

第三章 投资法律制度

第四章 对外经济开放法律制度

第五编 收入分配

（分则之四，4章，参见图2-4）

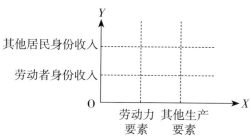

图2-4 收入分配法律制度板块图：共同富裕功能

第一分编

第一章　国民经济中的生产要素配置和居民收入分配法律制度

第二分编

第二章　就业促进法律制度

第三章　按劳分配法律制度

第四章　其他生产要素按市场贡献决定报酬法律制度

第六编　经济安全保障

（分则之五，4章，参见图2-5）

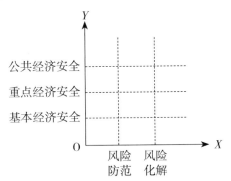

图2-5　经济安全保障法律制度板块图：应对风险功能

第一分编

第一章　国民经济中的风险防范化解法律制度

第二分编

第二章　国家经济安全保障法律制度

第三章　应对非风险因素对国民经济造成不确定风险法律制度

第四章　经济监督法律制度

3. 附则部分（不设章）

立法意图简单说明如下。

在征求"经济法整体设计"意见的过程中，我们反复讨论过"1+5"结构的缘由和依据。我们认为：

——之所以设立"总则"，是要树立经济法的整体形象，明确经济法的时代使命。近百部单行经济法律摆在那里，怎么表明它们能组成一个法律部门？

其中，"总则"第一章意在表明，经济法何以成为国民经济发展的基本法律支撑；第二章意在表明，国民经济沿着什么样的法律制度轨道运行；第三章意在表明，国民经济运行中活跃着哪些角色（组织、个人）；第四章意在表明，国民经济运行中各种角色（组织、个人）行使什么样的权利（公权力、私权利）；第五章意在表明，国民经济运行中各种角色（组织、个人）怎样"为"、怎样"不为"；第六章意在表明，国民经济运行中如何落实本来意义上的责任（职责、义务）而又追究事后的法律责任。

——之所以设立"分则之一""分则之二""分则之三"，是要从市场机制、宏观决策和动态平衡的角度，实现经济发展权。市场监管、宏观调控这两个词只是表述政府行为，倘若企业等市场主体不见了，怎谈内外循环、经济增长？因此，只讲"调控""监管"，适应不了形势的发展。

其中，"分则之一"第一章意在表明，市场运行依托哪些基础性制度；第二、三、四章意在表明，市场运行中的三类活动——交易、竞争与合作的法律指南分别是怎么样，尤其要突出竞争政策的基础地位；第五章意在表明，法律怎样支持市场主体增强活力；第六章意在表明，法律怎样保护消费者权益。

"分则之二"第一章意在表明，怎样为制定和实施国民经济发展规划（计划）提供法律保障；第二、三、四章意在表明，产业（科技、数字经济既是产业，又引导实体经济）政策怎么样提升为产业法；第五、六章意在表明，财政（广义的财政包括税收）政策怎么样提升为财政法；第七章意在表明，货币（金融）政策怎么样提升为金融法；第八章意在表明，对国有资产资源怎么以经济法手段实行管理、利用和保护。

"分则之三"第一章意在表明，为了贯彻"加快构建以国内大循环为主体、国内国际双循环相互促进的新发展格局"的战略方针，《经济法典》中设立"供求循环"一编反映我们对中国当代经济法的新认识；第二、三章意在表明，作为需求侧基础的消费、作为供给侧关键的投资在法律上如何规制；第四章意在表明，供给侧、需求侧循环涉外因素如何在法律规制下运行。

——之所以设立"分则之四"，是要从共同富裕的角度，实现经济分配权。没有公平分配，何来共同富裕？而要解决现存的问题，也必须设立"收入分配"专编。

其中，"分则之四"第一章意在表明，决定收入分配的法律因素，应归于一定社会制度下对各类生产要素的配置和相应的共享发展成果安排；第二章意在表明，法律上如何保障促进就业；第三章意在表明，法律上如何安排以按劳分配为主的分配方式；第四章意在表明，法律上如何安排劳动力之外的其他生产要素按市场贡献而计报酬的分配方式。

——之所以设立"分则之五"，是要从"应对风险"的角度，实现经济安全权。没有经济安全，何以保护财富？而要解决现存的问题，也必须设立"经济安全保障"专编。

其中，"分则之五"第一章意在表明，如何原则性地设计防范、化解各种经济风险的法律制度；第二章意在表明，保障国家经济安全应采用哪些经济制度举措；第三章意在表明，应对非经济因素造成经济的不良影响应采用哪些法律对策；第四章意在表明，包括审计在内的各种经济监督方式（手段）如何在法律指引下发挥监督、促进作用。

归根结底，回到主题：当代经济法应当成为国民经济发展法。而国民经济发展法，包含了经济分配法、经济安全法（参见图2-6）。

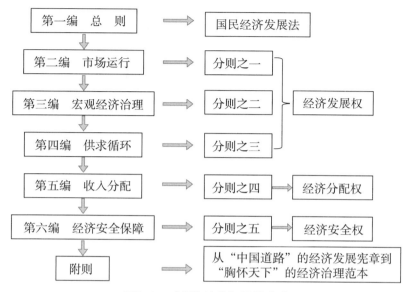

图2-6 《经济法典》逻辑进路

这种全新的法律设计表明,在党的创新理论指引下,我们走上了历史必由之路,我们寻找着世界未来之路。《中华人民共和国经济法典》应当成为一部立足本国、胸怀天下,经得起历史考验、能够发挥长远作用的经典之作,其历史意义和世界影响将大大超过两个世纪之前的《法国民法典》(所谓《拿破仑法典》)。经济法学要交出一份时代新答卷。

四、未来经济法结构:法典式组合与若干单行法的并存

1. 以法典为主导

未来的中国法律体系,将以若干法典为主导,包括民法典、刑法典等。

鉴于经济法涉及面太广,而目前最缺的是"经济法总则",本人与诸多同仁商议,张守文、徐孟洲、薛克鹏、卢炯星、黄茂钦、孟雁

北、邢会强、付大学、强力、张建伟、孔德周、闫翠翠、应飞虎、蒋悟真、韦华腾、李挚萍、刘国臻、袁达松、张永忠、胡宗仁等专家学者，都认为可将《经济法典》"总则"先行编修出来。"十四五"规划期间（2021—2025）能否提出"集体版"《经济法典》"总则"草案？翘首以待。

作为经济领域内统合性、主导性法律，完整的《经济法典》的编撰，可能要花费更长的时间；可以设问，到2035年还有15年，到2049年还有29年，浩大的"集体版"《经济法典》能否问世？翘首以待。

决策在高层，力量在基层。官方立法与民间草拟可以同时进行，相互促进。

至2021年8月15日，我和曾晓昀合作，经广采众见，数易其稿，终于把《经济法典》（学者建议稿）"总则"230条的具体条文编写完成。虽然粗糙，但却来之不易，就当"试错之作"吧。

起草《经济法典》"总则"的同时，应当通盘考虑"分则"，使"总则"得以统领"分则"，"分则"能够贯彻"总则"。形成一张皮，而不是两张皮。为此，我和曾晓昀初步设计出《经济法典》编、章、节、目、条5个层次的结构安排。3年前，《经济法通则》只有300条；现在，《经济法典》已设计有1000多条，当然，还有待继续加工。同事曾东红先生审阅了这份《经济法典》编、章、节、目、条5个层次的结构设计之后，深情地说："用功颇深啊。一定要将《经济法典》事业继续做下去，义无反顾。"（2021年11月20日）

老朽今年虚度七十有五，退休多年，力不从心，但编纂《经济法典》是我们几十年来未竟的梦想。此愿绵绵无绝期！如同李昌麒前辈抒怀："寄望后生跨快马，千条法典胜万金。"（2021年10月8日）

2. 理想型分则与实在型分则的权衡

如果说《经济法典》"总则"部分的关键或者说难点在于如何为经济法定位，那么，《经济法典》"分则"部分的关键或者说难点则在于设立哪些制度板块。

从某种程度上说，"分则"比"总则"的设计难度更大，它涉及海量经济法律规范的合乎逻辑的组合。我们一直苦苦思索着，构建《经济法典》"分则"框架体系，何为"理想型"？何为"实在型"？这两者怎么尽可能统一起来？"理想型"分则是要把各类经济法规范的精要内容归入"五大板块"之中；"实在型"分则是要对重要的单行经济法律进行整体接纳并加以逻辑编排，其他经济法律可作为单行法律继续存在。也许，五大板块只是"理想型"的《经济法典》"分则"。但是，"理想"并不是空想，也不是幻想，五大板块完全以国家经济立法为基石，只是如何组合更为科学而已。

3. 以单行法配合

法典化的优势毋庸置疑，但也要看到，法典化的意义不能绝对化，它可能会形成固定，因而滞后于形势。这就要求：第一，制定该法典时，它确是先进的，并有一定的前瞻性；第二，尔后，根据新的情况和要求，对它还可做适当修改，比如《法国民法典》，也历经多次修改；第三，该法典还要有配套的单行法律法规，既有适当分工，又能形成合力。

《经济法典》亦如此，因经济领域的广泛性、经济现象的复杂性和经济运行的变动性，还需要若干单行法来配合法典，落实法典，推进法典。

在实操上，原有的单行经济法律，有的要根据《经济法典》做些加工之后方能继续保留、施行。

可以看出，"《经济法典》＋经济单行法"的模式，并不是脱离实际、先入为主，并不会产生封闭、妨碍进步。

我们始终遵循并努力实践这样的思路："确保制度行得通、真管用。"[1] "行得通、真管用"，就是经济立法集成化的基本要求。

---

[1] 习近平：《为做好党和国家各项工作营造良好法治环境》（2019年2月25日），见习近平《论坚持全面依法治国》，中央文献出版社2020年版，第253页。

相关著述

1. 七人研究小组（程信和、王全兴、张守文、单飞跃、陈乃新、孔德周、何文龙）：《〈经济法纲要〉的法理与设计——献给20世纪最后一次中国经济法年会》，见浙江大学法学院、浙江省法制研究所主编《法治研究》（1999年卷），浙江大学出版社2000年版。

2. 程信和、王全兴等：《关于〈中国经济法纲要〉的初步论证和设计》，见徐杰主编《经济法论丛》（第2卷），法律出版社2001年版。

3. 程信和：《经济法通则原论》，载《地方立法研究》2019年第1期。

4. 程信和：《适时制定〈经济法通则〉：中国现代法治发展之历史大势》，载《经济法研究》2019年第1期。

5. 程信和、曾晓昀：《经济法典：经济法集成化之历史大势》，载《政法学刊》2021年第1期。

6. 程信和、曾晓昀：《经济法典"总则"论》，载《法治社会》2021年第2期。

7. 程信和、曾晓昀：《经济法典"分则"论》，载《法治社会》2021年第3期。

第八章
经济法治系统工程论

考察经济法,必须跟上科技新潮,采取现代系统工程之术。

基本论点之八:

主张建设以数字经济为依托、数字经济与实体经济相融合的经济法治系统工程,提高国民经济治理现代化水平。

主要论据:

(1)顶层设计。

走中国特色社会主义法治道路,经济领域也必须形成完备的法律规范体系、高效的法治实施体系、严密的法治监督体系、有力的法治保障体系。

中国正在大力发展和应用数字经济。

(2)学理支撑。

系统科学认为,系统是分层次、划范围的。全面推进依法治国是一个庞大的系统工程,而依法治理经济是其中一个具体的系统工程。

坚持系统观念,统筹解决经济领域的法律问题,整体推进国民经济治理现代化,兼具公法因素和私法因素、实体和程序的经济法应大显身手。

(3)实践基础。

借助现代信息技术,在数字经济新背景下,经济领域立法、行政执法、司法、仲裁机制,正在逐步形成和有机衔接。经济立法质量进一步提高,经济执法实效进一步显现。

数字经济的发展(大数据的应用等),加快了经济法治系统工程的步伐,经济法治系统工程初见成效。

一、现代经济治理新规制:数字经济的规范化

1. 互联网运用催生数字经济

近些年来,一个非常时髦的名词回响在我们的世界,这就是"数字经济"。所谓数字经济,是指人类借助数字技术,与实体经济相融合,实现资源更优配置、经济更快发展和社会更好管理的经济形态。数字经济的原材料是数据,数据经过加工之后即成为信息。在计算机科学中,数据是具有一定意义的数字、字母、符号和模拟量等的统称。通过数字经济技术,可以将中国经济与世界经济连接起来,充分利用两个市场、两种资源。

数字经济引起了一系列变化:经济、社会、法律,渐变、蜕变、裂变。因此,必须在发展中规范,在规范中发展。

目前国家加快培育数据要素市场采取的政策措施有:对数据实行分类、分级管理;推进政府数据开放共享;提升社会数据资源价值;开放数据交易;加强数据资源整合和安全保护。

2. 数字经济的规范化

如前所述,市场经济应当是法治经济。如何使数字经济规范化,建立统一规范的数据管理制度?这是经济领域内全新的法律问题。第一,在数据配置、交易过程中,在数据识别、选择、存储、使用等环节,涉及财产权、人身权。数字经济法律关系的主体、主体的权利、主体的行为、主体的责任,以及数据安全、经济安全、人身安全的关系,等等,必须纳入法治轨道。第二,数字经济也是一把双刃剑,一

方面，它能够创造新业态，提高生产率和工作效率；另一方面，它可能给市场经济秩序带来无形的干扰，对劳动者就业造成负面影响。有鉴于此，经济法中的产业法、竞争法、财税法、金融法、就业法等，都要面对数字经济引起的"现代问题"。数字经济的规范化将拓展经济法的视野，使经济法发挥威力。经济法学界正在向数字经济规范化进军！我们设计《经济法典》整体结构时，即考虑"分则"中要有一章"数字经济法律制度"。但数字经济涉及的法律问题极为复杂，不仅仅是经济法要管，其他相关的法，包括民法、行政法、社会法也要管；如涉及犯罪问题，刑法还要介入。

3. 自然科学、技术科学对社会科学的支持

自然科学是生产力，社会科学也可以成为生产力。杰出的科学家钱学森教授大力倡导建立社会主义法制（法治）系统工程。1993年10月25日，时年82岁的钱学森教授亲笔致函我这个无名晚辈，强调运用系统工程思想和现代信息技术，建立社会主义市场经济所需要的法制（法治）系统工程。①

互联网、数据（信息）的广泛应用，自然科学、技术科学对社会科学的有力支持，使包括法学在内的社会科学进一步走向社会实践、走向现代化。

二、经济法治系统工程的含义

1. 为把握经济法的整体性，必须利用现代科学技术——系统工程的理论和方法

1985年，应吴世宦教授之邀，我们合写了《建立中国式的经济法系统工程》一文，提出以法理学指导经济法学，以经济法学推进法

---

① 钱学森：《致程信和函》（1993年10月25日），见《钱学森书信集》下卷，国防工业出版社2008年版，第822页。

理学。

我认为，所谓经济法制（法治）系统工程，实际上就是把现代系统工程的理论和方法应用于经济法制（法治）建设的实践中，综合解决经济领域的法律问题。它反映了经济法制（法治）的内容，又表现为解决经济问题的法律技术。

2. 把解决经济领域的法律实务作为工作目标

法律实务，涉及立法、执法、司法、守法诸多方面。

经济法是最强调实践性的，也应该最直接地为经济建设服务。能否在全国设立若干"经济法实践基地"，如粤港澳大湾区（包括深圳、珠海、广州等）、上海浦东新区、河北雄安新区、浙江共同富裕示范区、海南自由贸易港，等等，使《经济法典》上承天宝、下接地气，让经济法制（法治）系统工程一显身手，创造经验向全国推广？

三、以信息库和智能库为依托

构建经济法制（法治）系统工程，需要依托两种数据库：一是信息库，二是智能库，前者为基础，后者为创造。

首先是组织落实。要建立包括经济、法律、网络技术等专业知识的工作团队。

全国一盘棋。可在全国范围内设立若干经济法制（法治）中心信息库、智能库。

关于信息库。在实践中，要应用电子计算机，建立经济法法条信息、案例网络，并将上述数据库与成千上万用户连接起来。

关于智能库。在实践中，要对面临的经济法律实务问题，设计解决问题的多种假定、多样预案，从反复比较中求得最佳办法，帮助企业排忧解难，协助政府优化治理。

本人认为，不要把简单问题复杂化，而应将复杂问题简明化。这种普遍的思维方式和工作方式，在构建以数字经济为依托、数字经济与实体经济相融合的经济法制（法治）系统工程中亦应灵活运用。要普及推广，不要搞神秘化。

四、经济法的制定

1. 立法规划当先

首先要有可行的、有预见性的、能滚动的经济立法规划。

我曾说过，任何一个法律部门的定型化、系统化要想获得成功，必须满足几个必要条件：有充分的立法基础；有合适的立法时机；有顶层的立法意愿；有优秀的立法设计；还要有可行的立法载体。以上五项，缺一不可。

目前亟待研究：如何将经济立法整合即编纂《经济法典》的工作提上国家立法议事日程？经有所呼，法有所应；不忘本来，面向未来。启动者，中青年俊杰是也。

2. 重在立法质量

1982年我参加过宪法草案的几乎全程讨论，参加过合同法、证券法等草案讨论。1980—1982年曾参与原国家计委等组织的计划法、工厂法等经济立法工作。1984年以后，先后担任广东省人大常委会法制工作委员会委员、立法顾问，后同法委负责人合作主编《改革开放的轨迹——广东省十年地方立法》。于此，对经济立法有了一些实践体验，深感立好一个法是不容易的。

要规范立法流程，改进立法技术，发挥各方智慧，提高立法质量。对于统合性经济立法而言，完整、通用、可操作，是它应达到的尺度。

要强调经济立法的针对性和可操作性，加强相应的执法设计。

还要注意立法评估。如对1988年制定的《全民所有制工业企业法》进行的评估。

还有若干重要的经济法律需要修改，或者需要继续修改。比如

《价格法》《反垄断法》《商业银行法》。

五、经济法的实施

1. 提高法治观念

普遍提高理论水平、法治观念，懂得公民的基本权利和义务，信仰法治，增强依法治理经济的自觉性。什么时候，我们能将"官本位"转变为"法本位"，将"行政化"回归到"专业化"呢？我们要通过理论教育、法治引导，进一步增强政治意识、大局意识、核心意识、看齐意识。

2. 改进政府执法

经济法的生命力在于实施。

政府直接执法是经济法的重要特征，这与民法有很大的不同。法治政府的重要标准之一，应是依法行政，这种"法"，许多发生于国民经济管理领域。比如政府执行预算法、税法、土地管理法、环境管理法、市场监管法、经济安全法等，防止物价、房价乱涨，防止资本无序扩张，整治网络乱象等。

政府执法必须规范化、人性化，正确适用自由裁量，不要选择性执法。

在指导博士生写论文时，我提出，在经济领域要确立和推行新型行政执法守则，包括：管理性与服务性相结合，立足于服务；合法性与合理性相结合，立足于合理；实体性与程序性相结合，立足于实体。政府与市场应有边界，该管的要管好，但不用管的要放开。这又是理念的革命、制度的革命。

3. 建立和完善责任追究制度

经济法中的责任追究制度，包括传统的民事责任、行政责任、刑事责任的适用；包括体现经济法社会公共性特征、适合于经济法目的的特殊经济制裁，以及非经济形式的责任追究。

现在存在的问题之一是，立法上的模糊或欠缺，导致执法上的困惑。比如责任制未落实，硬法也就变"软"了。尤其是，对国民经济管理主体追究法律责任，难度更大，经济法应当破解这类难题。

现在存在的问题之二是，执法设计与立法设计的不完全一致，造成"立法上虽确定经济法，司法中却忽略经济法"的窘境。尤其是经济审判机构未落实，经济案件也就难以处理。怎么突破"大民事审判"框框、重建"经济审判庭"，许多人都在思考、在呼吁。

经济法的可操作性包括但不限于可诉性，许多人还没理解这一点。经济法的实施主要应由一个完整的体系构成，即政府执法、法院司法、企业守法。此外，社会力量主体、检察机关等在经济公益诉讼中的作用也要增强。

建设经济法治系统工程，说起来似乎不难，做起来实在不易。但这个方向是现代化的，务须坚持做下去。

五律·退休曲

（2012年秋，一丁）

六五勉登楼，
门前一望收。
白云飞雁梦，
珠水送渔愁。
得失塞翁马，
甘辛孺子牛。
晚风祈晚学，
休却未能休。

相关著述

1. 吴世宦、程信和：《建立中国式的经济法系统工程》，载《江海学刊》1985年第2期。

2. 程信和：《经济法新论——改革开放中的若干经济法律问题》，中山大学出版社1993年版。

3. 黎学玲、程信和主编：《市场经济运行的法律机制》，中山大学出版社1998年版。

4. 程信和：《努力创造新的经济法制环境》，载《南方日报》2000年5月29日B2版。

5. 程信和：《经济法的创新》，见胡旭晟主编《湘江法律评论》（第3卷），湖南人民出版社1999年版。

6. 程信和：《中国新的仲裁制度的基本特征》，载香港《经济导报》1995年第22期。

第四编
学科论：经济法的理论升华

浩渺行无极，扬帆但信风。

——〔唐〕尚　颜

何为"学科"？学科，表示作为知识的科学门类或研究领域。此处的"学科论"，指经济法的理论升华——作为新兴的法学学科。

自古道：言之成理。运用学科论，旨在构建经济法学独具一格的话语体系。人们将会看到，当代经济法学正在不断为各级领导人、广大企业家和法务工作者提供必修课。要让全社会了解，经济法坚持国家利益至上，坚持人民平等发展、共同富裕，因而可称为"国事法""国是法""国计民生法"。国民经济管理者都应精通经济法。

第九章
经济法原理论

考察经济法，必须善于总结提炼，从理论上呈现其本来形象。

基本论点之九：
　　主张构建以经济法学研究经济法现象规律性的话语体系，形成新兴的、独立的、核心的法学学科。

主要论据：

（1）顶层设计。

　　中央提出，打造具有中国特色和国际视野的学术话语体系，尽快把我国法学学科体系和教材体系建立起来。

　　国家教育行政部门将经济法学设置为高校法学核心课程之一。

（2）学理支撑。

　　意识形态是从理论上再造出现实社会。任何成熟的学科，都有自己独特的范畴（概念）和原理。

　　研究经济法这一新鲜事物的产生、发展和发挥作用的规律性的经济法学，应具有广阔的前景和旺盛的生命力。

（3）实践基础。

　　中国高校遍设法律专业经济法课程、经济法专业硕士点和博士点，《经济法学》被定为马克思主义理论研究和建设工程重点教材之一。

许多专业资格考试，如法律、税务、会计、工商管理等都要求考经济法科目或经济法内容。

既培养了一大批的经济法专门人才，又培养了把法律、经济、管理、社会等学科融会贯通的复合型人才。

一、经济法的理论基础：特有的范畴（概念）和原理

1. 经济法（学）要有自己独特的范畴（概念）和原理

"范畴"一词有两种含义：一指类型、范围；二指概念、术语。本处取第二种意思。"原理"指具有普遍意义的道理。每个成熟的学科都应具备特有的范畴（概念）和原理，特别是标志性的东西。正如恩格斯所揭示的："一门科学提出的每一种新见解，都包含着这门科学的术语的革命。"①

本人早就提出，经济法（学）要形成自己独特的范畴（概念）和原理，这是每一门成熟的学科都应具备的理论品格。2002年10月，在第十届全国经济法理论研讨会上，我做"中国经济法的发展"（该文发表时，责任编辑为蒋安即蒋悟真、管斌）总结发言时说：要加强经济法的理念、概念、原理的研究，不要提到"范畴"就"犯愁"。2004年5月，在首届青年经济法博士论坛闭幕式上，我做"再论中国经济法的发展"总结发言时又说：经济法的基本范畴有哪些？我曾说过，不要一提到"范畴"就"犯愁"啊。

如前所述，第一，经济法的核心范畴应首推经济发展权。此外，还有经济分配权、经济安全权。

经济法调整对象、经济法基本原则、经济法主体、经济法权利、经济法行为、经济法责任等，都属于基本概念。基本概念管具体概

---

① 恩格斯：《资本论》（第一卷）（英文版序言），人民出版社1975年版，第34页。

念。经济法需要提炼出一系列具体概念。

如前所述，第二，经济法基本的原理应围绕政府和市场的关系。

市场机制有效、政府积极作为、企业自主经营、对外经济开放、收入分配公平、经济安全保障等，都属大道理。大道理管小道理。经济法基本原理要能统领各具体板块法律制度原理。

我与曾晓昀花了很大精力创作《经济法典总则》（学者建议稿），实际上包含两项任务：其一，总结、提炼改革开放以来经济立法的丰富成果，塑造经济法的整体形象；其二，凝聚、升华经济法学界的丰富共识，构建经济法的基本范畴（概念）和原理。以上两项任务是相辅相成的。

只有确立科学的、独特的范畴（概念）和原理，经济法（学）体系方能向着政治正确、内容实际、逻辑自洽的方向迈进。

2. 经济法的理论基础

2008年，本人发表于《厦门大学学报》上的《论经济法的理论基础》一文，从哲学层次、社会科学层次、自然科学和技术工程层次分析了经济法的理论来源和构成要素。主张聚各学科之精华，铸经济法之活力。

在经济法（学）的理论基础中，必须特别关注两项：一是经济学；二是法理学。

（1）关于经济学。经济学研究经济运行的规律。马克思主义三大组成部分之一，就是政治经济学。现代西方经济学分为微观经济学和宏观经济学。微观经济学考察单个经济单位（生产者、消费者）的经济行为，宏观经济学考察整个国民经济活动。它们分别运用个量分析方法、总量分析方法，探索经济运行的过程及其规律性。习近平总书记提出："坚持和发展中国特色社会主义政治经济学，要以马克思主义政治经济学为指导，总结和提炼我国改革开放和社会主义现代化建设的伟大实践经验,同时借鉴西方经济学的有益成分。"①我觉得,经济法学中某些未能说清楚的,往往是由于没弄明白经济学上的事。

(2)关于法理学。经济法的法理学或者法哲学,是法理学范畴、原理在经济法中的具体体现,即经济权利与经济义务、经济权力与经济责任的互动,这些反过来又丰富了法理学或者法哲学。

论及经济法(学)的理论基础,还必须注意它的跨越性和一体性。曾有论者以为,经济法是从民法中抄一块、从行政法中抄一块,混合组成。然而,实际情况并非如此。经济法"质的规定性"——市场性、社会性、管理性,三大特征,跨越传统;经济法"量的确定性"——市场运行、宏观经济治理、供求循环、收入分配、经济安全保障,五大板块,自然一体。由此,一方面,经济法与民法、行政法,既不重叠,也不冲突。经济法对传统民法、行政法的承继、增补和发展,合乎中外法制史的演变实况。另一方面,经济法与狭义的社会法,既是同源,又有分工。中国特色社会主义法律体系,在宪法之下设民、行、经、社、刑等实体法部门,构思科学,务实可行。

由此可见,当代经济法不仅立足于广泛而坚实的现实基础,而且依托于复合而深厚的理论基础。

二、经济法学已成为新兴的、独立的、核心的法学学科

1. 新兴的法学学科

在中国,自1978年秋冬起,经济法学成为一门新设的法学学科。"新"在哪里呢?它出现的背景是新的;它的内容是新的;它的方法是新的;它的目标也是新的。至20世纪末,国家教育管理部门确定,

---

① 习近平:《在经济形势专家座谈会上的讲话》(2016年7月8日),载《人民日报》2016年7月9日第2版。

"经济法学"为法学专业14门核心课程之一。[①]全国人民代表大会常务委员会法制工作委员会至今仍坚持"七部门法"安排,法学学科的设计不能囿于传统法学的思维定式。在以经济建设为基础、为中心的当代,忽视经济法(学)是不符合与时俱进精神的!

经济法学的体系,一般采取总论、分论结构。重要的是,总论与分论要"一张皮",而不是"两张皮"。必须强调,经济法学若不研究基础理论,是没有出路的,是没有出息的。这是我与一些老、中、青同仁交换意见,得到的共同看法。

我曾倡议,群策群力,编出三本辅助性的书来:"比较经济法""经济法制史""经济法案例选"。这样,有助于学贯中西,承继历史,贴近实际。即是说,要比现有经济法教科书扩展一些。

2016年5月7日,我应邀参加中国政法大学发起的高校经济法教学问题研讨会,做了"改革借重经济法,创新有赖高智慧"的发言,就经济法学科总体思路、经济法教学具体安排,提出了一些看法和建议。

处理协调好民法教学和经济法教学,具有十分现实的意义。在中山大学法学院,周林彬教授与我分别担任民商法研究所所长、经济法研究所所长,我们都在两个学位点上招收、指导研究生,民法、经济法两个专业方向的同事们分工协作,互相促进,共同发展。

经济法学科从无到有,理论上由浅入深,硕士点、博士点星光灿烂。在经过艰辛的探索,经历许多争论,经受不少煎熬之后,经济法学科逐步纠偏,走向成熟。故老朽自我解嘲:"时有开颜,时有难眠。"

2. 经济法学科的生命力在于紧扣"经济法与国民经济发展"这条主线

我们主张,经济法学应当列为法学专业核心课程。从历史上看,经

[①] 中华人民共和国教育部高等教育司:《全国高等学校法学专业核心课程教学基本要求》,高等教育出版社1998年版,第92-99页。

济法学与时俱进；从实践上看，经济法学大有作为；从依据上看，经济法学顺理成章；从理论上看，经济法学别树一帜；从队伍上看，经济法学阵势浩大；从教育上看，经济法学人才辈出。

2008年，在庆祝改革开放30周年之际，为总结、推进经济法（学），在中国法学会经济法学研究会的指导下，在郑少华教授等的支持下，时任副会长王全兴和我主持编辑出版了《海阔天高——中国经济法（学）的过去、现在和未来》（共2辑），该书收集全国100多位老、中、青经济法学者的学术精粹，交流了思想，凝聚了共识，坚定了信心。

2008年，《中国法学》刊登本人《改革开放三十年来经济法学的回顾与展望》一文，文中指出："可将经济法学的基调定为：研究经济法现象及其规律性，特别是着眼于经济法与经济发展的相互关系，具体表现为'国家—市场—企业（个人）关系'的法治化。"我始终认为，应当紧扣"经济法与国民经济发展"这条主线。

2018年，在庆祝改革开放40周年之际，为总结、推进经济法（学），在中国法学会经济法学研究会指导下和广东省法学会经济法学研究会支持下，在全国经济法学界同仁的协力下，本人起草的"经济法通则（300条）"正式推出，同样紧扣"经济法与国民经济发展"这条主线。

"社会意识形态是理论上再造出现实社会。"[①]如前所述，经济法、经济法学是两个相关但有所不同的概念。经济法学是经济法的理论再现；这种"再现"，力求"升华"，超越"还原"。故此，经济法学的定位与经济法的定位，可视为同一个问题的两个方面，如同一个铜板的正面与背面。

---

① 毛泽东：《读李达著〈社会学大纲〉一书的批注》（1938年1月17日—3月16日），见《毛泽东哲学批注集》，中央文献出版社1988年版，第210页。

3. 倡议发布《中国经济法发展宣言》

在前述首届青年经济法博士论坛上，我还提议，群策群力，起草一篇短而精的《中国经济法发展宣言》。此事，我后来也提过多次，尚付阙如。

2019年4月21日，我在"经济法中的法理"学术研讨会闭幕式上提出：以履行新时代使命为宗旨，以现代化、市场化、国际化、法治化为导向，从现有数以百计的经济法律法规中提炼共性，从现有丰富多彩的经济法学著述中凝聚共识，"共性＋共识"，对经济法（学）或可形成以下基本认知。

第一板块：经济法实质。

包括：

关于经济法的生成轨迹（含制定机制）；

关于经济法的法律定位；

关于经济法中主体的权利（权力）、行为和责任；

关于经济法的特色、优势。

第二板块：经济法纵横。

包括：

关于对经济法的宪法指导；

关于经济法中的民事因素；

关于经济法中的行政因素；

关于经济法中的社会因素；

关于经济法涉及的刑事边界。

第三板块：经济法构成。

包括：

关于经济法的定型系统；

关于经济法的分支结构；
关于经济法的软法应用。

第四板块：经济法实效。
包括：
关于经济法的实施机制；
关于经济法的救济机制。

第五板块：经济法原理。
包括：
关于经济法对经济学、管理学、法理学及其他学科的应用；
关于经济法学的话语体系。

经济法（学）事关"国之大者"也。经济法学人的重要使命是向国家、向人民"献玉"。我想，年轻的同志们，如你们能做出思想学术含量十分丰富、最大限度凝聚社会共识的《中国经济法发展宣言》来，将为中国经济法的发展、为中国经济法学史乃至中国和世界法律思想史增添更加灿烂的篇章。

在编制《经济法通则》《经济法典》的过程中，我们力图反映经济法学界的科学共识，以法理指导条文，以立法提升理论。

甚至可以说，本人对经济法学术的系统理解，集中体现在《经济法通则立法专论》（独著，2019年1月出版）和《经济法典总则》（与曾晓昀合著，2022年3月出版）两部著作和本部《经济法重述》著作之中。

相关著述

1. 程信和：《论经济法的理论基础》，载《厦门大学学报》（哲学社会科学版）2008年第3期。

2. 程信和：《蓬勃发展的中国经济法学——2007年全国经济法年会总结发言》，载《2007年中国经济法年会会议简报》2007年11月30日。

3. 程信和：《改革开放三十年来经济法学的回顾与展望》，载《中国法学》2008年增刊。

4. 程信和：《中国经济法学：共识与个性相映生辉——2008年全国经济法学年会总结发言》，见中国法学会经济法学研究会编《海阔天高——中国经济法（学）的过去、现在和未来》（第二辑），上海财经大学出版社2009年版。

5. 程信和：《公共利益、公共管理与法制建设》，载《经济法制论坛》2003年第1期。

6. 程信和：《法商融合论》，载《中山大学学报》（社会科学版）1994年第4期。

7. 程信和：《经济法与政府经济管理》，广东高等教育出版社2000年版。

8. 程信和：《新时代中国特色经济法学之新气派》，载《法治社会》2018年第1期。

9. 程信和、曾东红：《加强金融法教学研究之若干设想》，见程信和、周林彬、慕亚平主编《当代经济法研究》，人民法院出版社2003年版。

10. 程信和：《经济法学多异彩》，见陈乃新《经济法理性论纲》"序"，中国检察出版社2004年版。

11. 程信和：《公共管理视角下的现代经济法》，见杨春林《商业银行有效监管论》"总序"，人民法院出版社2005年版。

12. 程信和：《把房地产活动纳入法制化的轨道》，见刘国臻《房地产法概论》"代序"，中山大学出版社1998年版。

13. 程信和：《经济发展与生态环境相结合的法律开拓》，见李挚萍《经济法的生态化——经济与环境协调发展的法律机制探讨》"序"，法律出版社2003年版。

14. 程信和：《经济法精神之拓展》，见张永忠《中国—东盟政府间经济合作机制研究：区域公共治理的法制化路径》"序"，暨南大学出版社2007年版。

15. 程信和：《市场化机制与政府作为互动的法律探索》，见陈惠珍《中国碳排放权交易监管法律制度研究》"序"，社会科学文献出版社2017年版。

16. 程信和：《立足于改革、管理、法治的分析》，见崔建军《专业镇行政管理体制创新初探》"序"，光明日报出版社2011年版。

17. 程信和：《发展农村基层民主，法治应当有所作为》，见马俊军《农村基层民主法律保障机制研究》"序"，广东人民出版社2012年版。

18. 程信和：《澳门特别行政区法律通览·序》，中山大学出版社2004年版。

第十章
经济法方法论

考察经济法，必须遵循逻辑要求，方法得当。

基本论点之十：

运用"从经济到法律，再从法律到经济"的研究思路。

主要论据：

（1）顶层设计。

情况明，决心大，方法对（毛泽东语）。

百花齐放、百家争鸣的方针，是促进艺术发展和科学进步的方针，是促进我国的社会主义文化繁荣的方针。

（2）学理支撑。

从物质到精神，又从精神到物质。发展无止境，认识亦无止境。

分析的方法就是辩证的方法。所谓分析，就是分析事物的矛盾。

在马克思主义认识论和辩证法指导下，经济法学中对传统研究方法和新型研究方法的综合应用，应能获得预期的收获。

（3）实践基础。

实现高质量发展、公平分配、保障经济安全各项目标，"经、法融合"是切实可行的研究方法。改革开放以来，经济法学界提出的对策建议、解决方案、运作导引等，都反映了"从经济到法律，再从法律到经济"的科学逻辑，这也就推进了法学乃至整个社会科学的研究。

一、先从经济到法律，再从法律到经济

1. 经济法研究的基本思路

在1983年全国经济法理论学术研讨会上，受芮沐先生学术思想的引导，我提交了《经济法理论研究的方法论初探》一文（次年发表），觉得最要紧的是解放思想、实事求是，搞清楚经济与法律的关系。

2005年，《社会科学家》杂志约请我发表一段"名家语丝"。虽诚惶诚恐，但盛情难却。我抛出的砖头是："经济法研究的思路，应当是从经济到法律，又从法律到经济，即出发点是现实经济问题，中间经过法律博弈、法律协调，最后落脚点还是回到解决经济问题上来。单纯的以法论法、概念推导是无益的。"

以上研究思路是从导师芮先生那里学来的。1981年秋，我留校任教之后，芮先生（时任北京大学法律系经济法教研室主任）安排我主讲"经济法总论"课程（授课对象先后为：北大法律系经济法专业本科班、法律专业本科班，国务院系统经济法干部培训班，教育部与司法部合办的全国高校法学师资培训班）。为此，年逾古稀的导师对我进行多次传授（单兵教练），从内容到方法，从风格到技巧。后来，我将恩师6年来（1978—1984）对我的教诲整理成学习资料。

芮先生曾教导说，做论文时，一些批评太重的话要去掉。意思是，表述要理性、平和。这再次体现了"芮沐的实际"这一学术思想特色。后来我从事法学教育工作，指导本科生、硕士生、博士生写毕业（学位）论文，也是这样要求他们的。年轻人眼光敏锐，但难免说过头话，导师应该帮助把关。

子曰："己欲立而立人，己欲达而达人。"老师指导学生写学位论文，是分内的事，一要认真负责，二要拿出主见，三要花费精力。

2. 经、法融合

必须注意两点逻辑：

一是经济与法的交织。比如税法，既是税收（经济），又是法律。经济法将经济因素和法律因素融为一体，不好说是"几分经济、几分法律"，因这个"几分"是没法具体界定的。

二是法的经济分析。怎样实现以最低的成本获取最大的利益，以最低的风险获取最高的效益？比如征税、金融监管、反垄断、反经济制裁，等等，立法和执法都要进行经济分析、成本分析。

二、整合性研究（跨学科研究）：专业特色，自然一体

1. 专业内容的整合

科研达人首先是学习达人。研究经济法，需要知识面很广。

其中，哲学为指导。经济法是调整社会经济关系的，处理"关系"问题，没有正确的世界观、方法论，怎么行呢？不懂得辩证法，就搞不成经济法。

经济学是基础。不懂得经济学，就搞不懂经济法。本科时我曾学过《资本论》，读研时芮先生让我重读《资本论》。

社会学、管理学等，都会影响到经济法。其中，社会调查、工商管理等，均可直接应用到经济法研究工作中。

可见，经济法（学）不仅面向法理学，而且面向经济学和其他社会科学，以及自然科学、技术科学，可谓"广采博取"。

故此，有人认为经济法（学）属于边缘性学科，或跨部门学科。此说是否确切暂且不论，但经济法（学）研究确与多个领域的知识体系相关。本人常感"知识不够"，必须"继续学习"。

2. 研究方法的整合

传统方法和新型方法要结合。

在方法论上,过多使用的注释法学方法要大力改造,应当运用多元化的研究工具和方法,如系统论、博弈论、比较论等。现在的经济法研究,定量分析太少,实证分析太少,博弈分析太少。有时可就法论法,有时还要法外论法。

在创制《经济法典总则》过程中,我们运用了规范分析、系统分析、法条分析以及逆向思维的方法。

无论怎么跨学科,无论怎么多方位,无论是"焦点透视"抑或"散点透视",学术研究终究要形成自己的思想。李挚萍、曾晓昀、陈惠珍等都赞同:突出专业特色,学术自然一体。

3. 基本论点和主要论据

在经济法研究中,基本论点表示,要证明什么是经济法、将经济法建成什么样子。从我个人的认知出发,本书提出四个部分十个基本论点。

而支持这些基本论点,必须凭借充分的论据。从我个人的认知出发,本书对每一基本论点分别列出三项论据:一为顶层设计,即决策依据;二为学理支撑,即理论依据;三为实践基础,即事实依据。

不过,由于本书并非"讲义"或"论著",而意在"整合",故而未做逐一论证。但在本书之末,附列了一系列阶段性研究成果,以分列支持前述十个基本论点。虽然这些论点还有待进一步推敲和推进。①

---

① 年过古稀、研究哲学和行政管理学,教过公文写作,做过学报编辑的吴志雄教授点评:《经济法重述》高度概括十个基本论点,可称为"经济法的哲学思考";精心设计《经济法典》编纂,是对解决现实经济发展问题"鼓与呼"。逻辑严密,文字精练。超越了以前,超越了自己。因而,本书稿题目定为"重述",调子是否稍低了一点?又,此乃心血之作,智慧结晶,应予传世,故以公开出版为宜。——2021年10月22日

三、法学研究之花：怎样撰写法学学位论文

1. 立意新颖

——方向：要坚持正确的政治方向，不要出现政治性差错。人文社会科学都有政治性的要求，与自然科学不完全一样，这一点，做法学研究的必须特别注意。

——选题：选题要有现实意义（实践上的、理论上的），把握前沿领域，体现时代精神，突出专业特色，不要脱离社会实际。

——见解：要提出创新的见解，即在特定的理论分析框架下，研究解决问题的对策，显示出创造性的成果，不要只是重复别人发表过的意见，或者过多地引证、援用法律条文。

2. 内容实在

——资料：要搜集、掌握和运用国内外丰富的、可靠的资料（文献与素材），特别是第一手调查材料，包括个案，不要写没有什么实际内容的、长而空的文章。

——中心（主题）：论文要围绕一个中心或基调（主题），突出重点，不要出现两个或两个以上中心思想，防止面面俱到、平铺直叙，写得太分散。

3. 表述规范

——思路：要以"问题"为导向，沿着提出问题、分析问题、解决问题的基本思路逐步推进，不要从抽象的定义、原则出发，简单地进行推论。一般而言，发现问题是社会科学研究的起点。提不出"问题"，就成了"问题"；没有解决"问题"，就构成论文中存在的最大的"问题"。

——论证：要采用论证方式，将定性分析与定量分析相结合、规范分析与实证分析相结合，有的放矢，主要观点的论据充分、论证透彻，不要写成讲义式论文。

——文法：要讲究文章法则，结构合理，层次分明，逻辑严密，用词准确，不要写成条理不清晰、语言多毛病的文章。

——格式：要符合关于学位论文的格式要求，包括行文规范、写出学术综述、列出注释和参考书目等，不要违反格式规范。

——原创：学位论文要在导师指导下由学生自己独立完成，并做出"原创性声明"，不要有抄袭或变相抄袭等学术不端行为。

除了发表上述"十要十不要"的建议（2006年一文），我还写过《论文八问》（2009年2月），寄语学生，并作自勉。"八问"即选题如何好？问题可明了？立意怎高调？资料孰可靠？构思如何妙？文字咋通晓？结论都重要？创新知多少？"八问"传导的仍是"立意要新颖，内容要实在，表述要规范"。

清代郑板桥名联："删繁就简三秋树，领异标新二月花。"我常引用此句，借喻作文要新鲜、简练。

本人一向倡导："以我为主，集思广益。"

法学学位论文，是法学研究之花；对几年学习成果的检阅，颇见功力，必须切记在心。如古贤杜甫云："文章千古事，得失寸心知。"

本书力求"论从史出，史论映照"。十条心得，费了半世心思，也只是探路而已。因仅以个人经历和感知为主，对经济法学的整体演进难免挂一漏万。风一程来雨一程，任他风雨任他晴。如今退隐山林，回荡天然，卧听海涛，最是怡和。

五绝·易道

（2010年10月，一丁）

八卦起朦胧，
有无玄妙中。
乾坤谁破解，
日月古今通。

相关著述

1. 程信和：《经济法理论研究的方法论初探》，见陈守一主编《法学论文集》，北京大学出版社1984年版。

2. 程信和：《怎样撰写法学学位论文》，见中山大学法学院编《法学教学的理论与实践》，中山大学出版社2006年版。

3. 程信和、周显志、蔡冰菲：《运用科学发展观指导中国经济法的创新：中山大学法学院博士生导师程信和教授访谈》，载《社会科学家》2005年第4期。

4. 程信和：《科学发展观与中国经济法的创新》，载《经济法制论坛》2004年第3期；又见中国人民大学书报资料中心《海外法学》2004年第7期。

后　语

我自信地见证了当代经济法（学）的成长。
我凝重地寄托了尚未实现的心愿。

一、"入我心怀是大山"

向老年人学习，从善如流。

"入我心怀是大山。"中国经济法学界的老前辈——芮沐和杨紫烜、刘文华、徐杰、李昌麒等先生，为创建中国经济法学树立了光辉的旗帜。这些先驱性的创业轨迹和文献资料，弥足珍贵。为继往开来，2021年春，我写过一篇《旗帜飘扬——中国经济法学开创之记忆》，宣扬经济法学老前辈们的活动事迹和学术思想（芮先生已于2011年仙逝，刘先生、徐先生于2020年相继仙逝；杨先生目前身体欠佳），李昌麒和张守文、徐孟洲、杨松等诸多老、中、青同仁对此文给予了支持、赞同和鼓励。强力教授函启："五面旗帜提法好。办学科先要有学者。学者—学问—学科！"我对经济法的学术感受，从老前辈那里得益甚多，但仍然领会不够，还要继续学习。我的体会是，学无止境，师出多门。

人们爱说"师出名门"，我更在乎"师出多门"。子曰："三人行，必有我师焉。"可见，孔夫子对"师"的解释是多元的。我觉得，只要留心，处处皆有学问。比如中山大学法学院曾邀请吴志攀、张守文、史际春、沈四宝等著名学者来校讲学，受院领导委派，我先后主持了这几场演讲。作为主持人，那是工作；作为听课者，我受益匪浅。又如《地方立法研究》杂志有一次委托我对外约稿（关于经济法方面的），我约了徐孟洲、薛克鹏、郭自力（刑法学家，请他写经济刑法）等名家，拜读他们的文章之后，我受益匪浅。再如20年前肖江平博士写过一部《中国经济法学史研究》，敝人读后发表了几句由衷感言，内有"不争高下，但求在理"两句。杨紫烜老师点赞："就此两句，即可成序。"窃以为，中国经济法学界老、中、青，百花齐放，相互尊重，取长补短，同向发力，已蔚然成风。以上列举三例，提到的八仙，实际上就是我的老师。此不亦"师出多门"乎！

向年轻人学习，水涨船高。

年轻学者是经济法学的生力军。后生可畏，后生可爱，包括我的同事和学生（博士生、硕士生）在内，如富有学术创造力的叶姗、张永忠、郑晓珊、曾晓昀、邓小梅、陈惠珍、谢小弓、邓伟、宫廷、刘琦等少壮派，他们的许多真知灼见和新鲜信息推动着我不停思索、不断前进。他们在专业的许多方面都已超过老师（比如杨小强教授的税法研究就很出色，黄巧燕老师的劳动法课大受欢迎，等等），这令老朽十分欣慰。我经常感慨地对他们说："1＋1>2！"

要说我与经济法的缘分，首先想到的是老师、同仁（同事）和学生们。不怕大家笑话，我曾为师友们写过若干诗词，虽诗味无几，却情真意切。何惧"百年孤独"，共唱"青春之歌"。

二、"乘风直到海天边"

科学技术是生产力，社会科学也是生产力。我们要牢记毛泽东同志的教导："知识的问题是一个科学问题，来不得半点的虚伪和骄傲，决定地需要的倒是其反面——诚实和谦虚的态度。"（《实践论》，1937年7月）经济法学的发展，既要传承，更要创新，"乘风直到海天边"。

凡是过往，皆为序章。近日，一位勤于思考的年轻学者发问：

"您觉得当前经济法的理论困境是什么？破解之道何在？"这可真是难题，但这道难题点出了经济法理论建树上的落差。我只好搬出20年前在《经济法与政府经济管理》一书中的一段旧话加以应对："建立严格科学意义上的经济法，应当具备两个条件，或者说需要设立两个支撑点：其一，经济法要形成自己一整套特定的概念和原理；其二，经济法的特定概念和原理，除了分别表现于数以十计的经济法律、数以百计的经济法规之中，更重要的是还应有一部基本经济法集中加以体现。实现这项目标，有赖于完备的经济立法和高度的法学理论概括。"[1]20年来，我们虽然尽了力，做了很大的推进，但上述"目标"仍未实现。时至今日，经济法的思想发掘不够，经济法的作用发挥不够。对此，老朽深感惭愧，阁下以为如何？

经济法事业是国家的、社会的，要靠大家一起来做。经济法思想在不断发展中，永远没有完结。"苟日新，日日新，又日新。"老朽在全国和广东经济法学界多次学术会议上呼吁："举集体之力，究天人之际，通古今之变，贯中外之说，成中国经济法学之言！"

众里寻他千百度，蓦然回首，闪闪发光的那块经济法瑰宝，正在五星红旗飘展处。

人民之所望，改革之所向。"今天，中华民族向世界展现的是一派欣欣向荣的气象，正以不可阻挡的步伐迈向伟大复兴。"[2]初心引领未来，使命化为行动。在以习近平同志为核心的党中央坚强、正确领导下，在马克思主义中国化时代化创新理论指导下，为了实现中华民族伟大复兴，为了构建人类命运共同体，我们大家都要一以贯之，继续努力，迎难而上，顺势而为，锐意创新，同向奋斗，不断争取新的胜利，赢得更大荣光。

踉踉跄跄四十年，未改初心苦亦甜。本形定位，视域延伸，集成

---

[1] 程信和：《经济法与政府经济管理》，广东高等教育出版社2000年版，第69—70页。
[2] 习近平：《在庆祝中国共产党成立100周年大会上的讲话》，载《人民日报》2021年7月2日第2版。

进发,理论升华——上下求索,敝帚自珍。但愧学识所限,诚恐贻笑大方。倘能抛砖引玉,吾心足矣。

七五 退叟
2021年秋,于羊城陋斋

七律·七五初度

(2021年9月,一丁)

辛丑牛年秋月,逢七五初度,集《一丁漫曲》中5首诗词旧句(原句),拼成新一首,主题为"书生本色是农民",自我陶醉,贻笑大方也。

摩天岭上摘星辰,
典范长追千百寻。
有若无时无若有,
真非假处假非真。
勇哉睁眼观天下,
醒矣昂头探路人。
且把重阳当六一,
心花遥寄稻花村。

中山大学法学院党委书记李明章研究员、院长张亮教授愉快地表示要参加"庆贺程信和教授从事经济法教育事业四十周年暨《经济法重述》发布座谈会",令我非常感动而又几近惶恐。

老朽在会上只说了6个字:感恩,感悟,感奋!

附录一 现行经济法律名称（清单）

（至2021年12月底）

一、市场运行制度板块

（一）市场基础法律制度
1. 价格法（1997年12月29日）
2. 产品质量法（2018年12月29日修正）
3. 计量法（2018年10月26日修正）
4. 标准化法（2017年11月4日修正）
5. 资产评估法（2016年7月2日）
6. 广告法（2021年4月29日修正）

（二）市场交易及其监管法律制度
7. 电子商务法（2018年8月31日）
8. 烟草专卖法（2015年4月24日修正）

（三）市场竞争及其监管法律制度
9. 反垄断法（2007年8月30日）
10. 反不正当竞争法（2019年4月21日修正）

（四）市场主体发展法律制度
11. 企业国有资产法（2008年10月28日）
12. 中小企业促进法（2017年9月1日修正）
13. 乡镇企业法（1996年10月29日）

（五）消费者权益保护法律制度
14. 消费者权益保护法（2013年10月25日修正）

二、宏观经济治理制度板块

（一）国民经济和社会发展规划（计划）法律制度

15．城乡规划法（2019年4月23日修正）

16．统计法（2009年6月27日修正）

（二）产业发展法律制度

17．电力法（2018年12月29日修正）

18．煤炭法（2016年11月7日修正）

19．石油天然气管道保护法（2010年6月25日）

20．铁路法（2015年4月24日修正）

21．公路法（2017年11月4日修正）

22．航道法（2016年7月2日修正）

23．港口法（2018年12月29日修正）

24．民用航空法（2021年4月29日修正）

25．邮政法（2015年4月24日修正）

26．旅游法（2018年10月26日修正）

27．电影产业促进法（2016年11月7日）

28．城市房地产管理法（2019年8月26日修正）

29．建筑法（2019年4月23日修正）

（三）科技创新法律制度

30．科学技术进步法（2021年12月24日修正）

31．促进科技成果转化法（2015年8月29日修正）

32．科学技术普及法（2002年6月29日）

33．循环经济促进法（2018年10月26日修正）

34．清洁生产促进法（2012年2月29日修正）

（四）就业促进法律制度

35．就业促进法（2015年4月24日修正）

（五）财政法律制度

36．预算法（2018年12月29日修正）

37．政府采购法（2014年8月31日修正）

38．会计法（2017年11月4日修正）

39．注册会计师法（2014年8月31日修正）

（六）税收法律制度

40．企业所得税法（2018年12月29日修正）

41．个人所得税法（2018年8月31日修正）

42．烟叶税法（2017年12月27日）

43．全国人大常委会关于外商投资企业和外国企业适用增值税、消费税、营业税等税收暂行条例的决定（1993年12月29日）

44．资源税法（2019年8月26日）

45．耕地占用税法（2018年12月29日）

46．车船税法（2019年4月23日修正）

47．车辆购置税法（2018年12月29日）

48．船舶吨税法（2018年12月26日修正）

49．契税法（2020年8月11日）

50．印花税法（2021年6月10日）

51．环境保护税法（2018年10月26日修正）

52．城市维护建设税法（2020年8月11日）

53．税收征收管理法（2015年4月24日修正）

（七）货币金融法律制度

54．中国人民银行法（2003年12月27日修正）

55．银行业监督管理法（2006年10月31日修正）

56．商业银行法（2015年8月29日修正）

57．反洗钱法（2006年10月31日）

（八）国有资产资源管理利用法律制度

58．土地管理法（2019年8月26日修正）

59．防沙治沙法（2018年10月26日修正）

60．矿产资源法（2009年8月27日修正）

61．森林法（2019年12月28日修正）

62．草原法（2021年4月29日修正）

63．水　法（2016年7月2日修正）

64．水土保持法（2010年12月25日修正）

65．防洪法（2016年7月2日修正）

66．海域使用管理法（2001年10月27日）

67．深海海底区域资源勘探开发法（2016年2月26日）

68．野生动物保护法（2018年12月26日修正）

69．动物防疫法（2021年1月22日修正）

70．节约能源法（2018年10月26日修正）

71．可再生能源法（2009年12月26日修正）

72．湿地保护法（2021年12月24日）

（九）区域发展法律制度

73．长江保护法（2020年12月26日）

（十）乡村振兴法律制度

74．乡村振兴促进法（2021年4月29日）

75．农业法（2012年12月28日修正）

76．农村土地承包法（2018年12月29日修正）

77．农村土地承包经营纠纷调解仲裁法（2009年6月27日）

78．农民专业合作社法（2017年12月27日修正）

79．畜牧法（2015年4月24日修正）

80．渔业法（2013年12月28日修正）

81．种子法（2021年12月24日修正）

82．农业机械化促进法（2018年10月26日修正）

83．农业技术推广法（2012年8月31日修正）

三、供求循环制度板块

84．反食品浪费法（2021年4月29日）

85．海关法（2021年4月29日修正）

86．对外贸易法（2016年11月7日修正）

87．出口管制法（2020年10月17日）

88．进出口商品检验法（2021年4月29日修正）

89．进出境动植物检疫法（2009年8月27日修正）

90．外商投资法（2019年3月15日）

91．海南自由贸易港法（2021年6月10日）

92．外国中央银行财产司法强制措施豁免法（2005年10月25日）

93．反外国制裁法（2021年6月10日）

94．台湾同胞投资保护法（2019年12月28日修正）

95．全国人大常委会关于批准《广东省经济特区条例》的决议（1980年8月26日）

四、收入分配制度板块

96．劳动法（2018年12月29日修正）（第五章"工资"）

五、经济安全保障制度板块

（一）国家经济安全保障法律制度

97．国家安全法（2015年7月1日）（关于经济安全部分）

98．网络安全法（2016年11月7日）

99．数据安全法（2021年6月10日）

100．食品安全法（2021年4月29日修正）

101. 农产品质量安全法（2018年10月26日修正）
102. 生物安全法（2020年10月17日）
103. 核安全法（2017年9月1日）
104. 特种设备安全法（2013年6月29日）
105. 安全生产法（2021年6月10日修正）
106. 矿山安全法（2009年8月27日修正）
107. 道路交通安全法（2021年4月29日修正）
108. 海上交通安全法（2021年4月29日修正）

（二）经济监督法律制度

109. 审计法（2021年10月23日修正）

附录二 《中华人民共和国经济法典》（学者建议稿）编、章、节三级大纲设计

（2021年12月4日，于广东、山西两省法学会经济法学研究会联合学术年会上）

程信和　曾晓昀

代前言

以中国式现代化推进中华民族伟大复兴。

——《中共中央关于党的百年奋斗重大成就和历史经验的决议》（2021年11月11日中共十九届六中全会通过）

芮　沐（中国经济法学奠基人）对程信和的谈话：

现在还不可能搞出经济法典或者学术体系；将来是要做的，至少可以搞成学术部门。（1980年1月8日）

现在如搞经济法典，条件还不成熟；等到将来经济立法多了，可对各个相关法律进行整理，衔接起来。（1982年6月22日）

吴志攀（中国法学会经济法学研究会首任会长）致程信和函：

制定反映新兴经济法发展规律、适应社会主义现代化建设需要的经济领域基本法，是自芮沐先生开启的、几代经济法学人的初心和使命。（2020年12月7日）

杨紫烜（中国经济法学重要开创者之一）谈《经济法典》：

在条件成熟的时候，再制定《中华人民共和国经济法典》即《经济法典》。

——杨紫烜主编《经济法》（第五版），北京大学出版社、高等教育出版社2014年5月版，第39页

张守文（中国法学会经济法学研究会现任会长）主编的马克思主义理论研究和建设工程重点教材谈《经济法典》：

《经济法典》与单行经济法相并存。……制定《经济法典》只是时机与否的问题，而不是可能与否的问题，现在没有制定《经济法典》不等于将来不制定或不可能制定。

——张守文主编：《经济法学》，高等教育出版社2016年第1版，第127页

李昌麒（中国经济法学重要开创者之一）致程信和函：

今日（时令）大雪，欣闻经济法学界兴起讨论《经济法典》问题，喜而赋词《风雪行》，与诸位同仁共勉之。

经济法典，志存高远。

治理协同，宏微并展。

福祉为民，堪称必选。

大雪何妨，诸君共勉。

励精图治，力促实现。

（2020年12月7日）

寄望后生跨快马，

千条法典胜万金。

（2021年10月8日）

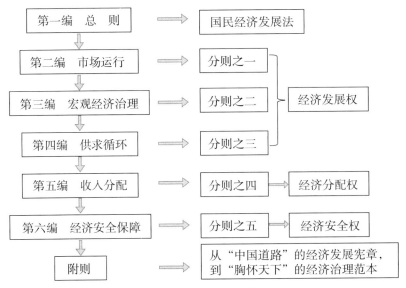

《经济法典》逻辑进路图

附录二 《中华人民共和国经济法典》（学者建议稿）编、章、节三级大纲设计

设计该图的顶层依据

市场经济是法治经济，要用法治来规范政府和市场的边界。
———习近平（2019年2月25日）

加强系统集成，激活高质量发展新动力。
———习近平（2020年11月12日）

《中共中央关于党的百年奋斗重大成就和历史经验的决议》
——以中国式现代化推进中华民族伟大复兴
——推动高质量发展
——维护市场秩序
——完善宏观经济治理
——加快构建以国内大循环为主体、国内国际双循环相互促进的新发展格局
——逐步实现全体人民共同富裕
——统筹发展和安全
——推动构建人类命运共同体

三级框架设计

第一编 总 则
（总则，6章）
——关于经济法定位

第一章 基本规定
    第一节 立法宗旨与任务
    第二节 基本原则
    第三节 法律适用规则
    第四节 坚持党对经济工作的领导

第二章 国民经济治理现代化制度基础
    第一节 基本经济制度贯彻之一：坚持公有制为主体、多种所有制经济共同发展
    第二节 基本经济制度贯彻之二：坚持按劳分配为主体、多种分配方式并存
    第三节 基本经济制度贯彻之三：实行社会主义市场经济
    第四节 国民经济在法治轨道上运行、推动高质量发展的制度合力

第三章 经济法主体
    第一节 基本主体之一：市场主体
    第二节 基本主体之二：国家经济管理主体
    第三节 相关主体：介于基本主体之间、与经济活动相关的社会力量主体

第四章 经济法权利
    第一节 经济权利（权力）

第二节 各类主体通有的基本权利
第三节 市场主体的权利
第四节 国家经济管理主体的权利（权力和权利）
第五节 与经济活动相关的社会力量主体的权利（准权力和权利）
第六节 权利客体

第五章 经济法行为
第一节 经济法行为的界定
第二节 对主体行为的促进性举措
第三节 对主体行为的约束性要求

第六章 经济法责任
第一节 责任的确定
第二节 本来意义上的特别责任（职责、义务）
第三节 事后追究的法律责任
第四节 经济纠纷解决

第二编 市场运行
（分则之一，6章）
——关于市场机制

第一分编

第一章 市场基础法律制度
第一节 全国统一大市场的形成
第二节 价格
第三节 产品质量
第四节 计量

第五节　标准化
第六节　广告
第七节　市场主体登记管理
第八节　市场准入
第九节　市场退出
第十节　资产评估
第十一节　认证、认可
第十二节　经济信用

第二章　市场交易及其监管法律制度
第一节　公平交易
第二节　交易方式
第三节　市场交易监管

第三章　市场竞争及其监管法律制度
第一节　公平竞争
第二节　反垄断
第三节　反不正当竞争

第四章　市场合作及其监管法律制度
第一节　平等合作
第二节　合作方式
第三节　市场合作促进与监管

第二分编

第五章　企业等市场主体发展法律制度
第一节　企业发展外部环境
第二节　企业治理内部准则
第三节　推进国有企业发展的特别举措

第四节　支持民营企业发展的特别举措
第五节　鼓励混合所有制企业发展的特别举措

第六章　消费者权益保护法律制度
第一节　消费者权益的界定和范围
第二节　经营者对消费者的义务
第三节　消费者自身的保护
第四节　国家和社会对消费者权益的保护
第五节　消费者权益救济

第三编　宏观经济治理
（分则之二，11章）
——关于政府作用

第一分编
第一章　国民经济和社会发展规划（计划）法律制度
第一节　国家规划导向
第二节　国民经济和社会发展规划（计划）的制定
第三节　国民经济和社会发展规划（计划）的执行
第四节　国土空间布局
第五节　统计

第二章　产业发展法律制度
第一节　产业政策调控
第二节　发展现代产业体系
第三节　推进军民企业融合发展

第三章　科技创新法律制度
第一节　高水平自立自强的科技创新战略
第二节　科技创新发展支持制度

第四章　数字经济法律制度
第一节　数字经济方略
第二节　数字经济发展应用支持制度

第五章　财政法律制度
第一节　财政政策调控
第二节　国家预算的制定
第三节　国家预算的执行
第四节　财政转移支付
第五节　政府举债
第六节　政府采购
第七节　会计

第六章　税收法律制度
第一节　税收一般规定
第二节　现行税种
第三节　税收优惠
第四节　税收征收管理

第七章　货币金融法律制度
第一节　金融调控（货币政策调控）
第二节　金融监管之一：一般监管
第三节　金融监管之二：对银行、信托、证券、保险各业的分别监管
第四节　金融服务实体经济
第五节　商业银行信贷
第六节　国际收支平衡和外汇管理

第八章　国有资产资源管理利用法律制度
第一节　经营性国有资产管理利用

第二节　非经营性国有资产管理利用
第三节　国有自然资源、能源资源管理利用

第二分编

第九章　区域发展法律制度
　　第一节　区域政策调控
　　第二节　区域发展重大战略
　　第三节　区域协调发展战略
　　第四节　发展海洋经济

第十章　新型城镇化法律制度
　　第一节　新型城镇化战略
　　第二节　提升城市品质
　　第三节　城市房地产发展和住房保障

第十一章　乡村振兴法律制度
　　第一节　乡村全面振兴战略
　　第二节　加快农业农村现代化举措
　　第三节　巩固拓展脱贫攻坚成果同乡村振兴有效衔接

第四编　供求循环
（分则之三，4章）
——关于新发展格局

第一分编

第一章　加快构建以国内大循环为主体、国内国际双循环相互促进的新发展格局
　　第一节　畅通国内大循环，形成供给需求动态平衡
　　第二节　促进国内国际双循环，保持国际收支基本平衡

第二分编

第二章 消费法律制度
第一节 消费格局
第二节 国民收入中积累与消费的安排
第三节 促进消费
第四节 反对浪费

第三章 投资法律制度
第一节 投资格局
第二节 政府投资
第三节 民营投资
第四节 政府和社会资本合作（PPP）

第四章 对外经济开放法律制度
第一节 对外开放格局
第二节 外贸
第三节 外资
第四节 共建"一带一路"
第五节 参与全球经济治理，推动构建人类命运共同体

第五编 收入分配
（分则之四，4章）
——关于共同富裕

第一分编

第一章 国民经济中的生产要素配置和居民收入分配法律制度
第一节 共同富裕的基础：从资源配置到收入分配

第二节 推行生产要素市场化配置制度
第三节 政府配置资源的加入
第四节 居民收入分配政策的法治化

第二分编

第二章 就业促进法律制度
 第一节 就业优先政策
 第二节 就业促进举措

第三章 按劳分配法律制度
 第一节 劳动报酬的基本形式——工资
 第二节 最低工资保障

第四章 其他生产要素按照市场贡献决定报酬法律制度
 第一节 土地及其他自然资源贡献报酬
 第二节 资本贡献报酬
 第三节 知识、技术、管理等才能贡献报酬
 第四节 数据（信息）贡献报酬

第六编　经济安全保障
（分则之五，4章）
——关于应对风险

第一分编

第一章 国民经济中的风险防范化解法律制度
 第一节 强化经济风险应对制度
 第二节 经济安全因素
 第三节 经济风险防范

第四节　经济风险化解

第二分编

第二章　国家经济安全保障法律制度
　　第一节　以经济安全为总体国家安全的基础
　　第二节　基本经济安全
　　第三节　重点经济安全
　　第四节　公共经济安全

第三章　应对非经济因素对国民经济造成不确定风险法律制度
　　第一节　生态环境风险应对
　　第二节　科技领域风险应对
　　第三节　人口劳力风险应对
　　第四节　国际逆流风险应对

第四章　经济监督法律制度
　　第一节　审计
　　第二节　各种经济监督
　　第三节　经济监督组合

附则
（不设章、节）

附录三 南风吹梦

南风知我意，吹梦到西洲。

——南北朝民歌《西洲曲》

1. 中大法律系供稿：《勇挑重担 成绩卓然》

——《中山大学校报》"1987年教师节表彰专刊·程信和"，1987年9月4日付印，复第131期

2. 程信和介绍

——《中山大学教授名录》，中山大学出版社1991年11月版

3. 吴轩：《自强不息 厚德载物》

——古月群、漆小平、杨婉主编：《学者的风范（博导推介）》，中山大学出版社2000年9月版

4. 程信和讲述：《1965年，考5门科目》

——卢文洁、徐静、曾卫康、林霞虹：《高考：难忘人生关键一搏》，《广州日报》2009年6月7日

5. 穆红琴、王翔：《程信和访谈》

——何勤华主编：《中国法学家访谈录》，北京大学出版社2013年版

6. "他是中国经济法学的卓有建树的开创者、建设者和传承者之一。""他既是法学家，又是作家。"

——唐晓蓓、符超然：《入我心怀是大山——程信和教授采访记》，《中山大学法学院院报》2015年12月25日印

7. 曾东红采访：《程信和——心迹铸宏章》

——曾东红主编：《中山大学法学院口述历史——法学学科复办前期纪实》，中山大学出版社2020年版

8. 《李鹏委员长在深圳进行证券法立法调研情况简报》（1998年11月）

该简报选登了中山大学教授程信和的两条意见、建议。

——李鹏：《立法与监督》（上册），新华出版社、中国民主法制出版社2006年版，第222-223页选录了中山大学教授程信和的上述两条意见、建议

9. 为广东省做法制宣传

（1）省委常委理论学习中心组法制讲座（1998年10月）"加强法制建设　保障金融安全运行"，列为中共广东省委常委学习中心组学习资料之六。（1998年10月）

（2）省人大常委会领导干部法制讲座"中国财产法律制度的现状与发展"。（2004年1月14日）

（3）省政府办公厅全体干部法制学习辅导讲座"宪法修改与依法行政"。（2004年6月17日）

10. 钱学森致程信和函（1993年10月25日）

——《钱学森书信选（1992—2007）》（下卷），国防工业出版社2008年版，第822页

11. 程信和著:《经济法新论》"序"(1992年12月)

——端木正《端木正文萃》,中山大学出版社2004年版

12. 钟南山等20位"南粤杰出教师"、程信和等849位"南粤优秀教师"、陈铁群等92位"南粤优秀教育工作者"、汤武强等499位"南粤优秀山区教师"在会上受到表彰奖励。

——《广东隆重表彰优秀教师》,《南方日报》2004年9月9日第1版

13. 《中国大百科全书》第二版聘书

14. 《中国大百科全书(第二版)》编纂出版荣誉证书

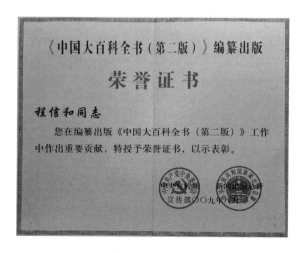

15. "各个学院执权杖的人，都是德高望重者。"

"昨日上午11时整，在庄严的乐曲声中，中山大学法学院程信和教授手举中山大学权杖，率领法学院一众专家和教授缓步走进礼堂，走上前台，将权杖稳稳插入座架里。主持人宣布学位授予仪式开始。"

——《中山大学以权杖为引导，由校长亲自给毕业生颁发学位证》，《广州日报》2007年7月3日要闻版

（说明：程信和教授连续10年执掌中山大学学术权杖，共10次）

16. 在全国性经济法学大会的若干总结发言

2002年10月（长沙），"中国经济法的发展"

2004年5月（长沙），"再论中国经济法的发展"

2007年11月30日（厦门），"蓬勃发展的中国经济法学"

2008年11月2日（上海），"中国经济法学：共识与个性相映生辉"

2011年10月16日（上海），"经济发展方式转变背景下的经济法创新"

2014年9月29日（太原），"国家治理现代化：加强经济法治正逢其时"

2016年10月16日（上海），"新形势下经济法学的走向"

2019年4月21日（广州），"经济法中的法理"学术研讨会闭幕词

2019年7月6日（广州），第20届全国经济法前沿理论研讨会暨经济法30人、论坛第13期"经济法的法治理论"闭幕式总结发言："加强经济法治，发展法治经济"

附录四　友声相和

嘤其鸣矣，求其友声。

——《诗经》

一、关于《经济法重述》

（看过初稿）总的感觉，归纳得很不错。不仅兼收，而且升华。

（李昌麒）

钦佩信和的奋进精神。

（张士元）

程老师大作很好，记录历史，为经济法专业贡献了宝贵的经验。

程老师，上午好！感谢发来《经济法重述》大作和动人的感思。古稀之年，经验和判断都是人生最成熟的时刻。将40年来教学和研究、阅读和实践所得，总结整理记录下来，启迪当代，教育后人，是大功德焉。

（吴志攀）

《经济法重述》很好！

（朱崇实）

程老先生：

您好呀！

拜读您的大作，备受鼓舞。

我辈学人，忙于俗务，无暇顾念大学问，深感忧虑。

先生立时代之潮头，担经济法之重任，勤于思考，笔耕不辍，发经济法之先声，我辈极其敬佩并立志向您学习。

（杨　松）

程教授信和兄：

您对经济法（学）的不断探索精神，值得老弟学习！

遥祝秋安顺意！

（黄　河）

信和兄好！

我学习了您的《经济法重述》（电子稿）后，看到了我国经济法发展艰辛历程，感受很深，非常敬仰您对学术追求之坚定与精益求精。

谢谢您在书中多次提到本人！

（徐孟洲）

［谢谢孟洲，共为国是！（程信和）］

信和老弟好！

大作收到。您深耕经济法学40余年，开辟了一片新天地，成绩斐然。可喜、可贺！

最热烈祝贺信和老弟的《经济法重述》完稿。"论从史出，史论映照"，独树一帜，影响深远。

（张　文）

题《经济法重述》

（2021年8月）

兄乃开拓者，学界传盛名。
重述经济法，舍君何人能？
细数人与事，著文道真情。
踉跄太自谦，回顾启前程。

真情流露。

匆读一遍（大纲），着实震撼。经兄笔述，中国经济法学足迹渐显，脉络始见；兄并诸开创者奋力建树，功不可没。先写点感受：

忆往昔，瞻前景，
叙新知，重运用，
求真理，攀高峰，
学术史，道真情。

信和：

打开大作，阅看一阵，冒出以下这些成语，忙发给你，算是"初读后感"吧。

独树一帜，纵横捭阖，
厚积薄发，瓜熟蒂落，
错落有致，恢宏壮阔，
十论三感，凝重洒脱，
回眸重梳，旷世佳作！

（段秋关）

程老好！

《经济法重述》大作拜读过了，既有历史的厚重，又高屋建瓴，紧扣发展规律。

程老对经济法学孜孜不倦的追求以及所做出的突出贡献令人敬佩，向程老致敬！！！

（岳彩申）

《经济法重述》读后

经济法学的缔构，凝聚着无数人呕心沥血的探索和思考。

凡传世之作，都是集腋成裘，将睿智的思想、隽永的文字、严谨的体系有机融为一体，启迪后学，功莫大焉。

先生字字从肝膈而出，自出机杼，不设智故，自然若玑珠之落于玉盘玲琮有声，若镜之与形接而方圆曲直概弗能逃，不想成为感人肺腑之言都难。

（张世明）

先生心得，渐入化境！

敬佩先生，当为楷模！

（强　力）

读了信和老师的《经济法重述》（征求意见稿），又一次触动我灵魂深处对程老学术思想丰碑的敬仰。

这是一部真正与经济法理论进行灵魂交流的学术巨著！

——它融通了不同学科对经济法的学术认知与思想；

——它接续了经济法学界几代人的智慧和行动；

——它对接了经济法的理论界和实务界；

——它归结了经济法在中国的前世和今生；

——它揭示了经济法成长的本源和发展未来；

——它整体化了经济法的基本理论和现实场景；

——它系统化了经济法的理论框架和行动路径；

——它凝练了经济法的思想基础和学术话语；

——它凸显了经济法的价值地位和浩瀚内涵；

——它重塑了经济法的理想境界和现实时空……

总之，它是经济法人学术进阶未来的灯塔；它是经济法人现实前行的指路明灯！

长健作为晚辈，深深折服于信和老师的学术思想和实践行动。

向程信和老师学习！向程信和老师致敬！

愿经济法的未来前途似锦！我们不断接续奋斗，为了经济法的理想与经济法的未来！

（李长健）

程老师：

《经济法重述》可以说是研究经济法的学术总结和升华。气势磅礴，内容丰富。很完美，太厉害了。

承前启后，继往开来。

您对经济法的学术追求，是我们学习的榜样。

拜读程老师《经济法重述》经济法研究四主题、十论点，即四十年经济法执教、学术理论精粹提炼，承前启后，提升创新，自成体例。这体现先生一生为经济法事业而奋斗不休的经济法人的精神。其"国民经济发展法"理论和首创的《经济法典》（经济法整体结构），可作为经济法学界学习、研究、借鉴、传承经济法之范本。经济法任重道远！

程老师，大作收到。

好好学习，吸取营养。

此书必将史上留名。

（卢炯星）

拜读《经济法重述》（简称《重述》），程先生那种退休不卸责、坚持追求真理、始终保持学术青春的精神扑面而来，让人震撼，催人奋进。窃以为，这本《重述》：

——是改革开放以来中国经济法治发展的缩影；

——是改革开放以来中国经济法学研究的映射；

——是程先生呕心沥血的学术思考与智慧结晶；

——是经济法学海中值得珍藏的一块绚丽瑰宝。

愿程先生青春常在，学术之花常开！

（胡光志）

程老师就四十年从事经济法教育学术事业进行"重述"，实乃承前启后，锐意创新。

程老师好！

祝贺程老师《经济法重述》成稿！

感谢程老师分享心血之作。

此作于程老师而言，是毕生为学为教的重述；于后辈学人而言，是值得承继的财富。

从《重述》师友唱和感言中可以看出，程老师分享的心路历程，给了大家丰富的启迪，同时也促进了共识。

我学习之后，再向程老师请教！

程老师好！

谢谢程老师分享《经济法重述》（12月7日，第八稿）。

感觉这一稿的内容更加丰富了，不仅完整展现了程老师对经济法研究和教学的历程，而且呈现了中国经济法学人的"同心奋斗史、不懈奋飞史"。同时，本书对于推进经济法的法典化进程而言，也是一份很有分量的文本。

（黄茂钦）

"十条心得"，非常到位！言简意赅！

数万言力作、大作！这数万言，字字珠玑，句句经典，是经济法的巅峰之作！祝程老师健康长寿、快乐长驻！

（邢会强）

["巅峰之作"，实为过誉；抛砖引玉，老朽之愿也。（程信和）]

程老师洋洋洒洒写出数万字的学术心得，令人感动、敬佩！
学生一定好好学习，不仅学习《经济法重述》，更要学习您的敬业精神。

程老师：
您的敬业精神令我感动！
"十条心得"总结得非常精辟，并且与时俱进，将最新的数字经济法治都总结进来了。
您虽年事较高，但思维依然敏捷，仍然站在经济法的前沿。
敬佩！敬佩！
您要求太高，还是公开出版吧。

（薛建兰）

《经济法重述》高屋建瓴，这是指导思想层面的创新性建树！

《经济法重述》（电子稿）拜读了一遍，感觉程师的思考立意高远，高屋建瓴，全面开阔，细致入微。言简意赅几万言，厚积薄发尽创新。既概括了中国经济法学的历史,又揭示了其应有的未来,值得学界琢磨领悟!我要反复看几遍才能领会得更深入一些,每次都会有新的收获。高山仰止,叹为观止!

讲得非常精彩!程师辛苦了!!我继续学习,领会!

书中提到我的地方,均为客观事实,承蒙谬爱不弃,倍感荣幸!自1997年郑州会议有幸结识程师,一直是程师的铁杆粉丝,程师为经济法学的支撑——"宏观经济法"、《经济法通则》《经济法典》所做出的不懈努力令人敬佩,程师与恩师刘文华教授当为经济法学界最具公益心学者。祝愿程师的学术公益项目早出更大硕果!

(孔德周)

程老,刚刚拜读完《经济法重述》初稿,提了几点不成熟的意见(包含几个标点符号问题)。我是抱着学习的心态认真阅读的。

您对《经济法典》工作推动的执着和热情,特别值得我们后辈学习。我相信,在您的推动下,随着越来越多的人关注这个问题,肯定会有一个圆满的结果。

(闫翠翠)

一口气读完《经济法重述》(电子版),"论从史出,史论映照",正是读完之后的第一印象。"像是天真,只是求真""畏也高峰,登也高峰",生动地诠释了程老师您从教四十年的历程。

敬佩、敬仰!向程老师致敬!

程老师好!

认真拜读了《经济法重述》,与定稿之前的阅读感受相比又有新的启发。

《经济法重述》既是您的教学史,更是一部经济法史。程老师妙笔生花,法学理论和法学故事交织,生动有趣。

我会好好收藏的。

再次向程老师致敬！谢谢程老师的饕餮大餐！祝愿程老师健康长寿！

（熊玉梅）

现在这次的编辑思路，比以前的更好，谢谢程老师多次赐稿分享。

（张建伟）

程老师好！

这部《经济法重述》饱含了程老师沉甸甸的学术思考和充满灵光的真知灼见，尤其是，富含了与时俱进、反映强烈时代精神的新观点、新思想、新命题，真的是太可贵了！一定认真学习、努力吸收，谢谢程老师！

程老师思想敏锐、开明，不辍思考和创新，真是我们的榜样，向您致敬！祝程老师安康、幸福，期待读到您更多的大作！

（刘红臻）

程老师好！

大作拜读完毕，颇觉温馨和感动，对您四十年上下求索，初心不改，"人书合一"的境界有了更深的理解和体会。

这是一份极具原创性的学习资料，比如将经济法定位为"国民经济发展法"等，极具启发意义。

老师精益求精、几易其稿的态度，着实是一种言传身教。

这不是一次简单的"重述"，而是您的自我学术总结，是对经济法学科建设的不断精善的探求！

（刘　琦）

拜读《重述》有感：我们看到什么？

我们看到了程老师从事中国经济法教学科研四十年历程的"路线图"；

我们看到了程老师从事中国经济法学术研究四十年成果的"结晶图"；

我们看到了程老师四十年创立与发展中国经济法的浓浓的学术初心与情怀；

看过《重述》的中国经济法学界同仁，再蓦然回首，应该努力看到"退而不休"的程老师正在中国经济法研究之"灯火阑珊处"，为新时期中国经济法再创辉煌而闪闪发光！

（周林彬）

程老师不仅对经济法的法典化进行宏伟设计，而且深入研究经济法的重大理论。

《经济法重述》大著从实体论、扩展论、系统论、学科论对经济法进行了多角度、深层次的详细论证，很有见解，发人深省，颇受启发，值得我们认真学习。

程老师的治学精神是我们后辈学习的好榜样！

定稿后，一定要给我一本哦。

为中国的《经济法典》呐喊
——读程信和、曾晓昀经济法典系列论文有感

在几年前首部《经济法通则》（学者建议稿）的基础上，年过七旬的退休老人、中国法学会经济法学研究会顾问程信和教授和他的博士生曾晓昀副教授与时俱进，又推出了《经济法典》"一总五分"的整体框架（编、章、节、目、条），并做出了"总则编"230条条文设计。

为此，他们于2021年上半年内连续发表3篇重磅学术论文，对经

济法典问题进行了全方位、深层次的论证和阐发。逻辑严密,思路清晰,见解独到,发人深省。

这部尚在加工之中的《经济法典》(学者建议稿),贯穿着经济发展权、经济分配权、经济安全权等基本权利。

这部尚在加工之中的《经济法典》(学者建议稿),体现出原创性、前瞻性、系统性、个性化等鲜明特点。

据我所知,中山大学法学院、广东省法学会经济法学研究会对程信和老师组织的《经济法典》编纂研究工作给予了高度评价,并正在大力支持。

相信这份为《经济法典》呐喊的学者建议,必将对中国经济法的法典化产生重大而深远的影响。

"一路走来,再一路向前。"程老师说得真好,做得更好。如同他的诗词所示:"入我心怀是大山","乘风直到海天边"!

(于海涌)

老骥伏枥,志在千里!

尊敬的程信和老师:

您好!感谢惠赐《经济法重述》,正在认真学习!

已向学院汇报,院长嘱咐我转达感谢、钦佩与支持之情!

谨颂

教祺!

(陈　颀)

程老师这种恒心,真的让人很感动!

(李伯侨)

程老师的《重述》,精雕细琢,反复论证。

吾等参与广东团队，何其荣幸。

（王　煌）

程老师好！

您严谨的治学态度令学生钦佩！

已看了一遍，仿佛仍在课堂中，听老师您娓娓道来，抽象的法律，生动的表达，简洁的文笔，我当作又一次学术享受。

期待正式出版！

在纪念毛泽东逝世45周年的读书会上，程老师所做的"东方智慧之光——我读毛著"的讲座，提纲挈领，五个"如何认识"、五个"怎样对待"，体现了老师对"毛著"的精读深悟，体现了老师对"毛著"核心要义的高度凝练、系统梳理与精准把握，读来有豪迈之感，实见老师功力！

（李建军）

程老师坚持终身学习、终身思索、终身创作的精神，是学生们的榜样和力量。

（邢　翔）

读程师"心得十条"

见解十分在理，表述十分精炼，经验十分宝贵。

真个是"摩天岭上摘星辰"！

（付志刚）

拜读程老师的《经济法重述》后，我本想用"伟大"二字赞叹，但又觉得言未尽意。

自1985年至今（2021年），36年来，我与程老师有"亦师亦友亦同仁"之谊。他现在名义上退休，实际上退而不休。每年我们都请他给研究生做讲座，每次都有新思想、新发挥。因写院史，我曾采访程老师，并写过短诗称赞，其尾句云："人到古稀更识途。"

对于这部分量很重的《经济法重述》，我借用程老师写过的诗句来表达："心迹铸宏章。"这本是他赠给学生的，我代表学生回赠给他。

十分敬佩程老师对经济法事业的不懈追求和杰出贡献！

（曾东红）

程老师不愧是经济法领域永不停步的探索者！敬佩之至！

（李颖怡）

程信和教授从"四论"的角度，把经济法研究上升到了新的高度。

其中，实体论，推出经济法的自然本色。

扩展论，把正式制度和非正式制度结合，避免了传统法学只注重"硬法"的缺陷，自然地融入了程教授长期以来对软法研究的深刻理解。

系统论，涵盖和超越了传统法学方法论对体系解释的理解，与实体论结合，在数字化背景下指明了实体法的发展方向。

学科论，具有前沿的跨学科思路，也是认识论和实践论哲学在经济法研究中的经典运用，程教授对方法论的把握和运用"随风潜入夜，润物细无声"，已臻至化境。

（张　瀚）

《经济法重述》是程老对自己四十年来教研事业的系统总结，是程老在经济法学术与教育道路上不懈追求的结晶。透过简洁的文字，我们不仅能看到程老丰富的经历和卓著的贡献，也可以感受到经济法学不平凡的发生与发展历程。任时代波谲云诡，几代经济法学人坚守为学为国之初心，为经济法治、法治中国建设奋力前行。程老衔接几代学人，可谓这一过程的重要参与者和见证者；程老于古稀之际，仍竭力呼唤、推进《经济法典》的制定，更令人钦服。

读罢《重述》，振奋之感涌上心头。一个人的一生应该是这样度过的：当他回首往事的时候，他不会因为虚度年华而悔恨，也不会因为碌碌无为而羞耻；这样，在"暮年"的时候，他就能够说："我的整个生命和全部精力，都已经献给世界上最壮丽的事业——为人类的解放而斗争。"我辈当以此为铭，以程老为榜样，为伟大的事业奋斗，度过丰富的一生、幸福的一生。

程老了却一桩心事，也为学界贡献了一本精华。

（邓　伟）

《经济法重述》，既是程老师的学术总结，又是经济法学的升华。祝贺！

满庭芳·贺程老师从事经济法教育四十年
（2021年9月11日）

师道精英，知名教授，信和[1]博导仁贤。毕生勤奋，经济法深研。沥胆披肝尽瘁，四十载，执教中山。学科盛，满园桃李，泰斗戴金冠。

庄严师节日，程门弟子，敬候师言。满庭芳，雅词赞美声欢。崇敬恩公颂语，发肺腑，爱慕心田。依君训，争先华夏，百业永登攀。

注：[1]信和——程信和教授，中山大学法学院博士生导师。我的恩师。

（杨春林）

老师好！

以您的经历与视角审视经济法的四十年发展，真实且深刻。您这四十年的探索与成果，当真是"论从史出，史论映照"。经济法领域的这份宝贵财富，有着继往开来的重大意义。

（吴晓晖）

程老师威武！程老师厉害！

《经济法重述》只作"内部交流"就可惜了。
哈哈，幸亏我是"内部人"之一，还可以时不时打开看看，一起回忆过去的时光。

（黄巧燕）

程老师好！
拜读了您的这本《经济法重述》，感觉非常亲切，受益匪浅。
书中多次提及我，那是您对学生的关爱，非常感动。

（刘国臻）

《经济法重述》读后感：
师尊年高德劭，笔耕不辍，再创新作。
十点"沉思"，源远流长。

（何文龙）

《经济法重述》，名述实论，史论结合，高屋建瓴，大气磅礴。
这是对中国经济法从诞生、发展到飞跃的历程的总结，也是一位将毕生心血献给经济法创建和教学的学者对自己及几代学人努力奋斗成果的展示，全面深刻，真情流露，妙语连珠。
从《经济法重述》中，我读出了初心、使命，我悟到了思想、学术、文化。一句"此愿绵绵无绝期"，何等感人！
作为经济法专业的学生，我深感荣幸。

衷心祝愿中华民族走向复兴，经济法事业繁荣昌盛！

（蒲夫生）

程老师，再次认真学习领悟您的《经济法重述》，其结构思路，现在这种编排全面、合理；至于内容，每句话都经过深思熟虑，显示出您对经济法的独到见解。

我希望向您学习，形成自己的学术思想。

程老师，再次拜读大作《经济法重述》，收获匪浅。大作集您思想和学术贡献之大全，这一经济法学术史总结将为后人留下宝贵的财富。

书中提到了各位大家，这是对他们的尊重；也提到了我等年轻学者，这是对我们的鼓励和鞭策。

（李挚萍）

《经济法重述》，大气磅礴！

阅读大纲目录整体编排后，有一种酣畅淋漓的感觉，既有理论站位的高度、专业探讨的精深，也有与实践紧密结合的广度，更有经济法学家的担当！

为学人所敬仰！

（王建平）

执教法坛四十年，
精益求精著重述。
入道艰辛出道奇，
经济法典迎开曙。

"经济法心得十条"，是实践的反映，是认识的深化，是规律性的总结。

我觉得，此种系列性创新，对推进经济法（学）的发展，大有益处。

（陈丕升）

《经济法重述》这部书稿很有意义，建议正式出版传播。

（徐　柳）

程老师：

《经济法重述》信息量好大呀，我先认真学习消化。

（黄　宁）

《经济法重述》，是程老师经济法学术思想的体系化总结、四十年教学研究的精华。

我们将认真学习体会。

老师好！

认真通读大作，享受了精神的盛宴，感受到了文稿的"厚重"。老师的《重述》，是对自己四十年经济法研究的学术省思、整合、升华。老师"与伟大时代共进，为社会主义法治增辉"的学术情怀和孜孜以求的经济法探索精神，令学生感动并深受教育。

《重述》的内容，逻辑严密，纲举目张，自成体系。

《重述》的原理虽简，字字珠玑，反映实际，体现价值。

"十论"尤为精辟，已为中国国民经济运行、治理、发展而贡献学识智慧及其法治话语。

佩服并膜拜！

老师不仅号召力强，思想境界也很感染人！

（张永忠）

对程老师这部厚重的心血之作仍在学习中。

老师这四十载对经济法潜心研究的精华，绝对是经济法学界的高峰之作（"畏也高峰，登也高峰"），不仅对国内经济法学界的研究和发展提供有力的支撑和指引，对国外不同法系的相关法律研究及政府调节监管经济实体的法律框架和确保经济发展、公平、安全的具体作为上，也有深刻的指导和借鉴意义！

（谭珊颖，于加拿大）

鸿篇巨制，凝结的是心血，蕴含的是智慧。
老师的事业精神和治学态度，值得我们学生好好学习。

（刘　漪）

读《经济法重述》有感
（榜样、感动、期待）

燕园鉴赤心，岭外究精深。
纲举擎发展，目论谋创新。
诗情涵法意，典则启明辰。
求索何踉跄？巍巍仰昆仑。

（段　勇）

几十年学术追求，凝练成《经济法重述》。
向老师学习。学习您对公共事业的热情，对学术的精益求精！

（张双梅）

老师的《经济法重述》高屋建瓴，纲举目张，执本末从，观往知来。
吾当认真学习，细细体会！

（邓敏贞）

理论与实践结合,内容与时代共进;
经济法的昨天、今天和明天,内容丰富多彩。
非常期待!

(李冠庆,邹　越)

程老师,大作(电子版)拜读。深感高屋建瓴、内容丰富、思想深刻,反映了程老师从教四十年的实践精华,实乃经济法学人必读之作。必须花较长时间来学习吸收。在一些小地方提了一点不成熟的建议,供老师参考。

(赵琦娴)

一五一十歌
——读《经济法重述》

立雪一丁,
越秀五羊。
独树一帜,
沉思十得。

(熊　杰)

谢谢老师分享最新重量级成果!我好好读读!!

感谢老师在定稿之前,再次分享如此富有纪念意义的重磅巨制。我仔仔细细拜读了几回,深受触动!

老师四十年的经济法学术生涯栩栩如生、跃然纸上,这既是一部熠熠生辉的经济法学者成长史,又是一幅活灵活现的经济法学人众生相,最令圈中人憧憬的学术人生莫过于此。

吾辈定当谨遵恩师教诲,继续将经济法(学)事业传承下去,不负时代、不负韶华。

祝贺老师，大功一件！

（叶　姗）

四十年法学执教，精粹于此。

这数万字的学术珍品，值得我们认真学习、反复揣摩！

感谢老师，让我们有幸在定稿之前再次重温这部精彩的学术珍品！

每一次阅读，这部书稿都会给我们带来新的启迪、新的感悟、新的触动、新的惊喜！

这是老师留给后辈的宝藏，也是指引我们完善和发展经济法学思想体系的远航灯！无论什么时候，它都值得我们重新拿起，反复温习！

（郑晓珊）

《经济法重述》观点新颖、资料翔实、调研深入，十条心得高屋建瓴、逻辑清晰，建议列入经济法研究生课程。老师对经济法的贡献，治学严谨的精神，令人钦佩。

老师好！

《经济法重述》和"感想"，建议选取一部分，给经济法学博士生、硕士生印发。那么好的材料，不学可惜了。

（谢小弓）

挺好！

（李明章）

感恩、感悟、感奋，层层递进，不断升华！

（冯荟竹）

谢谢程老师给予的分享。

学生感觉，这是目前最全面和凝练的经济法思想史了，不仅有总结，也有反思，更有规划。

学生定当努力研读。

向程老师致敬。

（盖贝宁）

程老师，您好！

认真拜读了您的史诗般巨著《经济法重述》，除了知识的滋养外，感触最深的是对您深深的、发自内心的尊敬和敬佩！

实体论、扩展论、系统论、学科论四个方面的内容，系统建构了您从事经济法教育四十年来的学术精髓！

这是我们经济法学界乃至法学界的宝贵财富！

诚然，短短几日，还不能深刻领会数万字的真谛，晚辈定当继续认真研读，向您学习！

祝您身体健康、生活愉快！

（郭金良）

尊敬的程老师，您好！

感谢您慷慨赐予这份厚重的大作。

这是您的智慧与勤奋的结晶。

我定当认真拜读，好好领会。

祝您身体健康，心情愉快，一切顺利！

（王先林）

程老师好，大作收到。

您是经济法学界的一面旗帜，总是走在队伍的最前面，引领大家向前！

应该向您和老一辈经济法学家学习！

（薛克鹏）

谢谢克鹏教授鼓励和支持，共同努力！

今年（2021年）年初，我已发过一篇《旗帜飘扬——中国经济法学开创之记忆》，回顾和宣扬芮沐、杨紫烜、刘文华、徐杰、李昌麒等5位老前辈的先驱史迹和原创思想，并称之为"五面旗帜"。强力教授等亦呼应，认为"五面旗帜提法好"。

后来者如我辈，应当继往开来，但不能妄称"旗帜"。

（程信和）

《重述》中的经济法思想熠熠生辉！

从《重述》中，我读出了程老师对经济法的倾情、执着、拼搏、贡献……感人至深！令人钦佩！催人奋进！

向程老师致敬！

（吕明瑜）

祝贺程老师完成大作。接下来仔细拜读！

程老师人品、文章，皆是楷模。我是受教良多啊！

（盛学军）

四十载经济法耕耘，一纲四目，十项要点，是历史，也是起点，"国民经济发展法"奠基之作也。

程老师老骥伏枥、壮心不已。

（闫 海）

［老朽感觉：经济法作为"国民经济发展法"的定位，渐成学界共识。（程信和）］

程老师好！

拜读《经济法重述》，荡气回肠，欲罢不能。

久久感动于先生澎湃而执着的家国情怀。

经济法新生、探索、发展的历史，正是先生一辈经济法学人为国为民、砥砺前行、永不停歇的奋进史和奉献史。此乃对后学晚辈的莫大鼓舞！

深深赞叹于此书逻辑完备、层层相扣的精妙体系。

从实体的本形到视域的扩展，再从系统的集成到学科的升华，精炼地勾勒出一套立体多维的科学构造。

很多观点，例如"如果把经济法的视野局限于工具性的'调控''监管'，难以适应新的形势"，令人赞叹并深有同感！

对新领域、新问题的创新研究，具有极为重要的根本性指导意义。

通读全文，有一处细节小问题供您参考：第14号脚注，提及的文章出处"见注10引书"，但注10为程老师您1993年出版的书。此处是否因为增删脚注而未同步更新参引序号？

总之，集终身之大成之作，精彩纷呈。

向您学习！

（许多奇）

［多奇教授：谢谢您的鼓励。为了这项国家事业，我们共同努力。第14号脚注出处系前文增添了引注而未及时核查致误。您审阅仔细，真是做学问的人。再次向您致谢。中华儿女多奇志！（程信和）］

信和老师好！

夜深人静，仔细读了《重述》巨作，不知不觉竟看了3小时有余。已经许久没有这么认真看些文字了。

经济法学界，我是编外局外人，但信和老师所记述的，我大都懂得。文中所提及的人名，也大都能对号入座。

文字亦延续了信和老师一贯的精雕细琢和流畅的写作功底。

感谢信和老师给我发来了电子版，让我先睹为快。

千言万语，还是祝福信和老师身体安康！快乐长寿！

（书 秀）

非常感谢老师的厚爱！

刚只是浅读了老师的"十条心得"概要，便已觉直指要义，如醍醐灌顶！

定要好好研读，向老师学习！致敬！感恩！

（方赛迎）

信和弟，发来的《经济法重述》收悉。

祝贺你在古稀之年完成鸿篇巨制！可喜可贺！

（刘书芳）

信和你好！

你发来的《经济法重述》收到。感谢你对我们的信任，对经济法我和汉卿都是门外汉，更谈不上什么指正，只借此作为我们学习的一次机会吧！

你花三个月时间，写出六万字，工程不小，将自己40多年来从事经济法教育的所思、所说、所写、所做，进行全面总结，这对自己、对他人都非常有意义。古稀之年还能如此，令人敬佩，实属不易。也给我们班（北大经济系65级2班）添彩了！

（王姗姗）

幸蒙恩师仍将心血之作惠赐，让我们还能继续得窥学术前沿成果。

刚才跟麻慧说起，我们都很钦佩您坚持治学的热情和专业、精深，您给我们树立了榜样。

（黄尔逢）

高言大义传后世。

（王　坤）

程老师好！

开学伊始事情多，既要上课，又要看学生论文，断断续续今天才全部看完您的《经济法重述》。

感觉《重述》（第六稿）写得特别好，吸收了经济法学界最新的研究成果，又从经济法历史发展的视角看问题，是客观的，有说服力的。

经济法需要不断重述，以不断深化对经济法的认识，推进经济法学的发展。

您做了一件非常有意义的事。

（孙　颖）

风一程来雨一程。

"入浩卷，集大成"，好一首《经济法之歌》！

程老师的大作《经济法重述》，破解经济法理论困境，从经济到法律，从法律到经济，吹响了《经济法典》的立法号角。

老师老骥伏枥，志存高远，对我等学生是一种鼓励与鞭策。

（梁凌峰）

收到程老师的《经济法重述》，读后深感此稿为《经济法典》的编纂提供了核心架构。

基本法律部门论部分，从历史沿革、定位、基本原则、法律属性等各方面，再次系统论证了经济法作为"国民经济发展法"的定位。

根据时代的变化，书稿将经济法中传统的市场管理法引申为市场运行法；将经济法中传统的宏观调控法引申为宏观治理法；在经济法领域引入软法概念，为实践中大量存在的非法律法规形式的规范纳入经济法体系提供了法理依据。凡此种种，都推进了经济法（学）。

70多岁的老同志，花了3个月，写了6万字。其功夫可不是3个月就能练出来的，6万字的价值并不亚于大厚本子。

今天我还参加了纪念毛泽东主席逝世45周年读书会，听了程老师所做的"东方智慧之光——我读毛著"讲座，大家都受益匪浅，大开眼界。

程老师的境界、水平，令听课者无不佩服、赞叹。

（秦 政）

老师这部《经济法重述》，不仅可以作为在校法律学生的理论教材，也可以给法律工作者，甚至非法律工作者带来实践的指导意义。

理论架构、分析逻辑、推演方法、核心要义，都体现了构筑经济法四梁八柱的精妙思考。

更难能可贵的是，还蕴含了与时代同频、与需求共振的价值。

学生要好好拜读学习。

（杜紫立）

尊敬的程教授：读了《经济法重述》，如见先生出入书山诗海，自如登高法学壮观天地间，挥洒肯綮与豪迈才思，激荡思想，激励意志！先生大作富有学术性、思想性和系统性，沉潜于书之深邃内涵，是最纯粹的精神洗礼！

感谢恩师指点！

向您致以教师节、中秋节、国庆节的衷心祝贺！

恭祝您身体健康，平安喜乐，诸事顺遂！

（欧洁梅）

时光易逝，初心不忘。拜读完老师《经济法重述》大作，感到无愧"担当"二字！

（朱瑜坤）

是法学也是哲理，是人生也是史诗。

（张敏发）

学习《经济法重述》，再次感受到老师的认真和精益求精。每次读老师的文字，都能体会到一种美感——观点鲜明、逻辑严谨、文字精练的美。

老师好！

收到最新一稿后，我又认真学习了一遍，除了开创性的观点、严谨的逻辑、精练的语言一如既往地让我膜拜以外，最让我感动的，是老师不断学习、永不止步的探求真理的精神。近年来很多人提倡当一名"终生学习者"，在我心里，老师就是终生学习的践行者与典范！

这一稿增加了不少老师与法学界同仁沟通交流的内容，这些大家是老师这四十年精彩法路历程的见证人，也是经济法学发展的见证人。中国经济法学的发展，正是在老师这样有智慧、有情怀、有担当的学者引领之下，大家一步一个脚印走出来的。一路走来不容易，未来精彩可期，也任重道远。

这本《经济法重述》，既是老师对经济法学的重要贡献，同时也吹响了号角、鼓舞了后辈。我相信在老师的引领、感召之下，经过经济法学同仁的共同努力，经济法学一定有更光辉、灿烂的未来！

（邓小梅）

"论从史出，史论映照！"

《经济法重述》既是程老师四十年经济法教育研究的学术心得，也反映了我国经济法、经济法学的发展历程！

大手笔！

向老师致敬！

经济法学界的交往和传承，值得称道。

还记得多年前，我同程老师去长沙参加全国经济法学年会，在电梯里与同来参会的北大刘瑞复教授不期而遇，刘老师对着程老师直呼："江南一程！"大家都笑了。"江南一程"，多么亲切。

正如王全兴老师所说，程老师是贯串经济法学界几代的代表。程老师的老师，程老师的同辈，程老师的学生（比如在高校任教的20位正副教授，正高、博导10人，副高、硕导9人，副高、马克思主义学院院长1人），程老师的学生的学生（那些徒孙中，即使是成为博士的，也尊称他为"师公"）。几代同堂，学术相传，互相交流，其乐融融。

进入花甲、古稀之后，程老师多次提出，要着力培养、支持45岁以下的年轻学者。作为前辈学者，这是很有事业心、很有远见的。

程老师还对我们说，他整理这部《经济法重述》文稿，也是希望能为年轻同志提供一点研究参考。

（陈惠珍）

经济法"吉祥三宝"的高度概括，是程老师对中国经济法和世界经济法的最大贡献！

渐修浩典，顿悟大觉。

自然一体，经法传世。

（曾晓昀）

感恩、感悟、感奋，三思而著，史纪自成！

他不仅是这样说的，更是这样做的。

以下是庆贺程信和教授从事经济法教育事业40周年活动筹备小组整理的程老师办理退休手续9年来"退而不休"的情况。

九年只道是寻常
——办理退休手续之后

1. 2012年秋至2017年6月，指导后面几届经济法博士生、硕士生完成毕业论文（学位论文）。

至此，招收、培养硕士生23届（包括民法学硕士生），博士生13届。

2. 2012年冬，带领经济法学广东团队，推动、配合全国经济法学界，努力解决"经济法学课程定位"之危机，对推进经济法学科建设产生重大影响。

3. 积极参与组织、配合全国经济法学活动，2017年9月之前任中国法学会经济法学研究会副会长，其后任该会顾问。

参加多次全国经济法学年会，并做大会总结发言若干次。

4. 积极参与组织、配合广东经济法学活动，任广东省法学会经济法学研究会名誉会长。

参加多次广东省经济法学年会，并做大会发言若干次。

5. 2017年，出版诗集《入我心怀是大山》。

从1970年大学毕业以来，时至今日，创作诗、词、曲近千首，被誉为"法学家中的诗人，诗人中的法学家"。

6. 2018—2019年，在全国同道支持和帮助下，提出中国首部《经济法通则（学者建议稿）》（300条），出版专著《经济法通则立法专论》。

广东省法学会负责人称《经济法通则》（信和版）。

程老师经济法学术基本思想可概括为"国民经济发展法论"。

7. 积极推动《中华人民共和国经济法典》创制，表示"此愿绵绵无绝期"！

年过古稀，身体力行。

其一，2021年秋，与同道合作，完成《经济法典总则》专著，已交付出版社。（总则条文230条，这属中国首部）

其二，2021年秋，与同道合作，基本完成全部《经济法典》编、章、节、目、条（条文名称）的整体设计，正广泛征求意见之中。

预定《经济法典》1000条左右。拟由学术团队提出民间建议稿，向2022年党的二十大献礼！

8. 2021年夏秋，花了3个月，写出6万字的《经济法重述》，提炼出"经济法心得十条"。

中国法学会经济法学研究会首任会长吴志攀教授为其题写书名。

现为该部文稿发表评述、感言的，已有90多人次。

该《经济法重述》还在继续加工之中。

9. 发表单篇论文若干篇：

（1）《加快收入分配调节力度的法律思考》（2013年）

（2）《经济法中主体权利设置的走向》（2014年）

（3）《中国现代经济法的历史担当》（2015年）

（4）《在新的历史条件下坚持和发展马克思主义中国化》（2016年）

（5）《经济法：企业发展之法宝》（2016年）

（6）《硬法、软法的整合与经济法范式的革命》（2016年）

（7）《新时代中国特色经济法学之新气派》（2018年）（荣获广东省法学会一等奖）

（8）《经济法通则原论》（2019年）

（9）《适时制定〈经济法通则〉：中国现代法治发展之历史大势》（2019年）

（10）《粤港澳大湾区合作发展中的法律协调问题》（2019年）

（11）《经济法典：经济法集成化之历史大势》（2021年，合作）

（12）《经济法典"总则"论》（2021年，合作）

（13）《经济法典"分则"论》（2021年，合作）

10．纪念毛泽东主席逝世45周年读书会讲座："东方智慧之光——我读毛著"（2021年9月）

该次讲演大受欢迎。

△用程老师自己的话来说，就是：

"晚风祈晚学，休却未能休。"

△现年86岁的前辈李昌麒教授赞之：

"信和退而不休，真黄牛也。"

——庆贺程信和教授从事经济法教育事业40周年活动筹备小组整理（2021年9月10日）

二、关于《贺新郎·只倾无极》

贺新郎·只倾无极
（2021年12月，退叟一丁）

《经济法重述》10万字，是回眸自己1981年起从事经济法教育事业40年来跟跟跄跄所走过的路。此作业只倾无极，何须在意其他也。

漫漫神州碧。

正乘那，斜风细雨，乱愁将息。

治国安邦依尺度，更有超凡玉律，直指点人间行色。

春去秋来南北挺，化几番踉跄非狂客。

如梦幻，提秃笔。

自云"重述"倾无极。

浪淘沙，微音数万，论从史出。

时恨倒流书恨少，创世只争朝夕，举经法和盘屹立。

小草凡花难负露，盼诸君少笑多抨析。

心忐忑，集公识。

押《词林正韵》入声韵：碧、息、律、色、客、笔，极、出、夕、立、析、识。

（请予指正。谢谢诸位！）

◇◇

程老师这首《贺新郎》词很好，读来令人感动。40年在经济法领域辛苦耕耘，教书育人，如今已桃李芬芳。

用一首长调，把老学者所想、所做、所感融在一起，吟在纸上，必将载入史册。

历史属于社会每个成员，也由个人文字诗篇写成。后人最喜欢看的，多是由"竹林高士"写出的文字。

（吴志攀）

程老师：

《贺新郎·只倾无极》我读了好多遍，不仅上口，而且把四十年来的付出都倾注在这116个字中间，确实不易……

我越读越能体会您的情感，是首好词！

有几个平仄音如能调整，最好：

22字"尺"应平；

48字"跄"应仄；

56字"秃"应平；

78字"倒"应平；

81字"恨"应平。

其实，找不到更好的替换，不改也好。千万不要把整个思想主题破坏了……供参考。

（徐　枢）

好词！韵正，意雅！

"提秃笔"，太经典了。既表现了老师辛劳几十年、勤奋的写照，又自谦自勉。

全词都合律，不差这一个字，如果改了就因词害意了。我的建议是，不用改"秃"字。非常好！

总体评价，这首《贺新郎》词已经非常好了。

叶梦得体，押《词林正韵》（十七）入声韵，慷慨激昂，又不失婉转自谦。

好词！不用再改了。

（杨春林）

拜读程教授《贺新郎》新词，如饮陈年茅台，醍醐灌顶。吾赏其情激越，其意殷殷。佳作也！

（谢岳雄）

先生义薄云天，气吞山河！

（强　力）

程师最新力作、大作题目不俗，"只倾无极"意境高远，为全诗奠定基调。

首起句"漫漫神州碧。正乘那，斜风细雨，乱愁将息"这几个字很精妙准确地将经济法的时代背景概括出来，颇显功力。

此词读来气韵流畅，一气呵成。"秃"字最为传神，令人感慨。

谢谢程老师分享，此乃上乘佳作。

程老师，您的这首《贺新郎》写得极好，读了好几遍，耐人寻味。谢谢分享，学习欣赏了。

（孙　颖）

作诗学李杜，填词效苏辛。
风格追乐天，心底一放翁！

（袁达松）

"举经法和盘屹立"！

碧、尺、化、恨，这几个字都用得好！

（罗勇华）

我觉得"时恨倒流书恨少"表述好。正是因为有两个"恨"字，读起来更有跌宕推进的感觉。

（邓小梅）

天然自然，岿然巍然。

（曾晓昀）

著文填词,精益求精。
为教育,"我将无我";
研经法,"只倾无极"!

(陈惠珍)

最喜欢"春去秋来南北挺,化几番跟跄非狂客",既是说经济法,也是说人生。

蓦然回首,法学和人生既离不开主观的奋斗拼搏,也离不开客观的际遇环境。从这首词中,我们感悟到老师的人生智慧,要像他那样保持平和的心态和奋发的精神。

(谢小弓)

"治国安邦依尺度,更有超凡玉律,直指点人间行色。"
这句话确实让晚辈深感震撼,感受到老先生治国安邦的赤子之心。

(丁婧文)

老师"盼诸君少笑多抨析"的胸襟,晚辈佩服!学习!

(张敏发)

老师胸怀宽广谦逊:
"小草凡花难负露,盼诸君少笑多抨析。心志忑,集公识。"
此言感人至深!

专心致志著《重述》,高瞻远瞩定乾坤。
老当益壮夕阳红,乐天不惧近黄昏。

(陈丞升)

古贤云:"若意新语工,得前人所未道者,斯为善也。"

程老师这首《贺新郎》既有意境，又很工整。亦"斯为善矣！"

（张双梅）

顿悟：
登峰造极，何如无极！学术最高境界乃无极也！
行无极，力无敌！

（邓敏贞）

程老师：
对古词的填写，非我所长。
但是，您对《经济法典》的一片呕心沥血，让我深深感动。
《贺新郎》这首词表达的追求、艰辛以及期望，我能体会到。
但愿在我们有生之年，能够看到这一伟业变成现实。

（李伯侨）

读老师写的词《贺新郎》，词如其人，感受到老师《经济法重述》回眸四十年，从教倾注心血，无数思考与打磨都融汇在此中。
"提秃笔"3个字，"小草凡花"的自谦，更显程师风骨！
我毕业多年，才真的感到"时恨倒流书恨少"！

（董晓佳）

程老师的《贺新郎》佳词，又掀起了一波文化热潮啊。

（张敏发）

一直觉得《贺新郎》这个词牌很难填好，盖因长调，谋篇划局颇耗气力，韵脚又多不能重复。
但程夫子这首《贺新郎·只倾无极》，既气势磅礴又不失细腻婉约，将自己40年来的所思所悟娓娓道来，当属佳作也。
窃以为，不以词害意，但以词立意。

此词中，碧、尺、踉跄、恨，几个字（词），都很棒。

其中，"尺"字处，如可平可仄，用"尺"字甚好。

（冯荟竹）

◇◇

友声相和，切磋共进，雅事趣话也！

本人（指冯荟竹）最近重温了若干前辈名流对程信和老师文学素养和作品的点评和推介。兹摘录若干，也算"重述"吧。

△ 鼓励与鞭策 △

郑德涛先生（时为中山大学党委书记、教授）：

"您（指程老师）的诗篇文法交融，情真意切，清新动人。"

（2010年4月28日）

黄天骥先生（中山大学中文系原主任、教授）：

"文与法沟通，新和旧并融；情真声自茂，吐属气如虹。"

（2009年4月26日）

谢有顺先生（广东省作家协会副主席、教授）：

"您的自由率性，是您诗中最可贵的品质之一。"

（2009年11月18日）

欧阳光先生（时为中山大学中文系主任、教授）：

"法学家之缜密、理性与诗人之激情、浪漫竟如此完美地交融在他（指程老师）身上。"

（2010年11月30日）

张海鸥先生（中山大学中文系教授）：

"观古今作诗之人，未必皆有诗者情怀；著史之人，未必皆得史家真谛。而程公信和教授则兼而有之。其以诗笔著'文革春秋'，必能传之久远，警醒后人。"

（2013年3月21日）

王坤先生（中山大学中文系教授）：

"信和教授的诗词，在境界、意象、平仄、格律等方面，多有可观矣。当然，如果按照学院派那样的标准来衡量，不入法眼之处亦存焉。然而，我敢说，学院派恐怕也做不来他的东西。"

（2013年2月1日）

吴志攀先生（北京大学法学教授）：

"中年赴南粤，独创一片天。老来入诗境，心性尽陶然。"

（2009年11月8日）

刘瑞复先生（北京大学法学教授）：

"法路诗史，江南一程。"

（2010年6月5日）

邹晓平先生（东莞理工大学教育学教授）：

"法学家中的诗人，诗人中的法学家。"

（2010年11月20日）

谢岳雄先生（中国作家协会作家）：

"学院式兼民俗式的一丁漫曲。"

"入山跨海俱长计，有幸平生识一丁。"

（2016年8月）

注：竹子（指冯荟竹）注意到，多位行尊都用了一个"融"字。记得在中山大学就读之时，程老师曾组织我们学生成立"中华诗词学社"。大家亲热地称呼他为"程夫子"。其情其景，犹历历在目。"海内存知己，天涯共比邻。"我真希望有一天能看到一本小册子：《程夫子和他的老少诗友们》。可乐也夫！

竹子　谨识
（2021年12月20日，于黄鹤楼畔）

三、《经济法重述》三思

当时只道是寻常

（程信和，2021年8月31日）

（一）感恩

1. 感恩党和国家的培育；
2. 感恩时代的召唤；
3. 感恩师友的扶持；
4. 感恩家庭的温暖。

（二）感悟

1. 感悟每一个人都可以做得很出色；
2. 感悟不唯上、不唯书、只唯实；
3. 感悟以我为主、集思广益；
4. 感悟一专多能。

（三）感奋

1. 感奋不是春光，也是春光；
2. 感奋没有压力，当有动力；
3. 感奋霜叶红于二月花；
4. 感奋雏凤清于老凤声。